Soledad no Recife

Soledad Barrett (esquerda) ao lado de sua irmã, Nanny, no Chile no início dos anos 1970.

urariano mota **Soledad no Recife**

Copyright © Boitempo Editorial, 2009
Copyright © Urariano Mota, 2009

Coordenação editorial
Ivana Jinkings

Editor-assistente
Jorge Pereira Filho

Assistência editorial
Elisa Andrade Buzzo e Thaisa Burani

Preparação
Flamarion Maués

Revisão
Angélica Ramacciotti

Diagramação
Beatriz Martau

Tratamento de imagens
Antonio Kehl

Capa
David Amiel

Produção
Livia Campos

A editora agradece a colaboração de Maria Barrett e Ñasaindy Barrett de Araújo pela cessão das fotos de Soledad Barrett publicadas neste livro.

CIP-BRASIL. CATALOGAÇÃO-NA-FONTE
SINDICATO NACIONAL DOS EDITORES DE LIVROS, RJM871s

Mota, Urariano, 1950-
   Soledad no Recife / Urariano Mota. - São Paulo : Boitempo, 2009.
   il.
   ISBN 978-85-7559-138-3
   1. Ditadura militar - Brasil - Ficção. 2. Romance brasileiro. I. Título.

09-3094.   CDD: 869.93
                                                      CDU: 821.134.3(81)-3

É vedada a reprodução de qualquer parte deste livro sem a expressa autorização da editora.

1ª edição: julho de 2009
1ª reimpressão: agosto de 2023

BOITEMPO
Jinkings Editores Associados Ltda.
Rua Pereira Leite, 373
05442-000 São Paulo SP
Tel.: (11) 3875-7250 / 3875-7285
editor@boitempoeditorial.com.br
boitempoeditorial.com.br | blogdaboitempo.com.br
facebook.com/boitempo | twitter.com/editoraboitempo
youtube.com/tvboitempo | instagram.com/boitempo

Caliente enero, Recife, silencio ciego,
las cuerdas hasta olvidaron el guaraní,
el que siempre pronunciabas en tus caminos
de muchacha andante, sembrando justicia donde no la hay,
donde no la hay.

Otra cosa aprendí con Soledad:
que la patria no es un solo lugar.

Cual el libertario abuelo del Paraguay
creciendo buscó su senda, y el Uruguay
no olvida la marca dulce de su pisada
cuando busca el norte, el norte Brasil, para combatir,
para combatir.

Una tercera cosa nos enseñó:
lo que no logre uno ya lo harán dos.

En algún sitio del viento o de la verdad
está con su sueño entero la Soledad.
No quiere palabras largas ni aniversarios;
su día es el día en que todos digan,
armas en la mano: "patria, *rojaijú*"*.

Daniel Viglietti
"Soledad Barrett"

---

* Em guarani, *rojaijú* significa "te quero". Tradução: "Janeiro quente, Recife, silêncio cego, / até as cordas esqueceram o guarani, / ele que sempre pronunciavas em teus caminhos / de garota andante, semeando justiça onde não há, / onde não há. // Outra coisa aprendi com Soledad: / que a pátria não é um só lugar. / Como o libertário avô do Paraguai / crescendo buscou sua senda, e o Uruguai / não esquece a marca doce de seus passos / quando busca o norte, o norte Brasil, para combater / para combater. // Uma terceira coisa nos ensinou: / o que não consegue um, dois o farão. // Em algum lugar do vento ou da verdade / está com seu sonho inteiro, Soledad. / Não quer longas palavras nem aniversários; / seu dia é o dia em que todos digam, / armas na mão: 'pátria, *rojaijú*'". (N. E.)

Soledad no viviste en soledad
por eso tu vida no se borra
simplemente se colma de señales

Soledad no moriste en soledad
por eso tu muerte no se llora
simplemente la izamos en el aire*.

Mario Benedetti
"Muerte de Soledad Barrett"

---

* "Soledad, não viveste em solidão / por isso tua vida não se apaga /simplesmente transborda de sinais // Soledad, não morreste em solidão /por isso tua morte não se chora / simplesmente a levantamos no ar." (N. E.)

Sumário

Apresentação 13
Sonho mau, Flávio Aguiar

Soledad no Recife 19

Caderno de imagens 89

Sobre o autor 119

Apresentação

Sonho mau

Naqueles anos o amor era uma alienação.
Urariano Mota, Soledad no Recife

*Con excepción de una sola persona,
nadie pareció comprender
que esa escena constituía algo esencial.*
Ernesto Sábato, El túnel

Urariano Mota criou uma ficção tão impressionante que parece de verdade. De certo modo, é de verdade, porque mobiliza sentimentos, sensações, percepções, culpas, paixões, ódios, que foram (e são) poderosos e comuns a todos os que viveram os anos de chumbo da ditadura de 1964, e a eles sobreviveram. Para realizar essa proeza, Urariano criou um narrador fictício, anônimo. Sabemos o nome de todos os outros personagens, menos o dessa enigmática figura que tudo acompanha de tão perto. O leitor terá a impressão, talvez, que esse narrador se confunde com o próprio autor real do romance. Mas essa narrativa é um romance. E é um romance de amor que se passa em tempos contrários ao amor.

A primeira epígrafe desta apresentação de *Soledad no Recife* talvez seja o veredicto mais terrível sobre os anos de chumbo do regime militar. As ditaduras torturam, abafam, sufocam, matam, enterram a abertura para o amor. Erguem muros contra ela, mandam-na para o exílio, fazem-na desaparecer. Ou então fazem o amor parecer um simulacro, uma desdita, uma capitulação. De qualquer modo, nas ditaduras não se perde apenas a liberdade de expressão, como vê o pensamento liberal. Sim, perde-se o espaço da expressão, mas também o amor perde a liberdade. Ele é tornado impotente. As pessoas ficam isoladas, amargas, cobertas anos e anos por cicatrizes. Os que veem a morte de frente, às vezes de olhos arregalados na tortura, sabem por que estão morrendo: de certo modo, foram traídos pelo próprio amor. Os que sobrevivem, não sabem por que sobreviveram: são traídos no seu amor-próprio. Esse é o veredicto deste livro sobre o que aconteceu em torno do assassinato de Soledad Barrett Viedma e de seus companheiros que tentavam organizar um movimento armado em Recife, no começo de 1973, contra o regime de 1964. Esse assassinato é a moldura histórica do empreendimento ficcional.

A segunda epígrafe, do romance de Sábato, remonta a um detalhe aparentemente insignificante que, observado de dois ângulos diferentes, une o destino de duas pessoas para sempre, até a morte. No romance de Sábato é uma janela num quadro, a qual ninguém mais dá importância, a não ser o autor do quadro e uma mulher que a observa. A partir desse espelhamento o destino de ambos se desenha como inexorável, mas o pintor só vai reconhecer a cifra que ali se ocultava/revelava, em toda a sua extensão, muito depois, ao fim do livro e da trajetória de ambos.

Essa percepção faz parte, muitas vezes, de uma estrutura recorrente em sonhos de pessoas e com situações muito variadas: aquela em que alguém, um "outro", é punido ou até morre no lugar do que sonha. O processo sintático/psicanalítico envolvido pode ser variado também: transferência, deslocamento, condensação, dissociação. Mas quase sempre há algo no sonho, um sinal, uma percepção, uma frase, que "marca" esse "outro" para aquele destino. Esse processo também é muito usado nos romances policiais: depois da primeira vítima e do começo da investigação pelo detetive, algum outro personagem descobre um detalhe fundamental que leva ao criminoso. Mas antes que tenha tempo de revelá-lo, esse personagem é assassinado também – portanto no lugar de "alguém", seja o detetive ou outra pessoa. Mas fica um indício, um traço, uma pista que faz com que a revelação final seja uma homenagem a esse personagem "sacrificado" por aquilo e em nome do que descobriu.

Esse é o procedimento narrativo deste *Soledad no Recife*. O narrador-personagem rememora, mais de trinta anos depois, os acontecimentos de 1972–1973, quando o grupo de candidatos a guerrilheiros da capital pernambucana foi exterminado pela equipe do delegado Sérgio Paranhos Fleury, com a cumplicidade do ex-cabo da Marinha José Anselmo dos Santos, conhecido como Cabo Anselmo, que agia como infiltrado nos grupos de esquerda. O episódio ficou conhecido como "o massacre da chácara São Bento". Na época, as autoridades declararam que seis "terroristas", reunidos neste local, foram surpreendidos pela polícia e resistiram à bala, sendo então mortos. Essa versão foi reproduzida despudoradamente na imprensa local e na do país, sem contestação, quando na verdade já se sabia que ela era mentirosa. Alguns dos "terroristas" foram presos na chácara e, aparentemente, pelo menos um foi preso em outro lugar e para lá levado. A equipe de Fleury torturou todos até a morte, com orientação do Cabo Anselmo. Ele se infiltrara na organização a tal ponto que tivera um envolvimento amoroso com ela. Na tortura perdeu o feto, que morreu com a mãe. Em depoimento de 1996 a advogada Mércia Albuquerque declarou ter visto o cadáver (e os dos outros também) no necrotério da cidade, dentro de uma barrica, todo deformado, envolto em sangue e com o feto aos pés.

No depoimento da advogada, consta que o rosto de Soledad estava "com os olhos muito abertos, com expressão muito grande de terror". O que terá ela visto de frente? A morte? A farsa que fora seu amor por quem supostamente a amava, mas na verdade estava morto por dentro, seco para qualquer forma de amor, como um cadáver insepulto que perambula pelas ruas, como faz até hoje, aparentando inocência em todos os sentidos? Este silêncio do grito sufocado na boca descrita como entreaberta, do olhar vidrado de terror antes de o ser pela morte, é o indício e o libelo maior, entre muitos, que a narrativa de Urariano vai buscar no passado remoto para fazê-lo ressoar na consciência de hoje.

A forma da narrativa é recorrente na literatura brasileira, também sob os mais variados ângulos. É uma forma em que se misturam testemunho e confissão. O testemunho é uma peça pública; não se trata apenas de "narrar o que se viu", como em muitas narrativas do gênero testemunhal. Nesta, o narrador está perante um tribunal, o da história; e seu testemunho é parte de uma acusação. Essa acusação não reverbera apenas contra o Cabo Anselmo, o delegado Fleury e sua equipe. Aponta para todos os que foram cúmplices desse assassinato, e de outros, seja pela ação, pela omissão, ou pelo baixar da cortina de silêncio sobre tais fatos, como se fazia na mídia de então, a mesma que hoje se autoproclama desde sempre uma "arauta" da democracia.

Mas o testemunho é também uma confissão, o gesto que traz para a arena pública o que até então ficara restrito à esfera do privado, e que se revela ser o amor, a paixão, o sentimento platônico, mas exacerbado, romântico, que o narrador-protagonista ficcional sentiu desperto pela protagonista, cujo destino é narrado. A oscilação entre os dois polos conforma o vaivém da narrativa entre o tom objetivo, de depoimento, quase de prontuário policial ou de depoimento perante comissão de direitos humanos, e o tom onírico, de evocação, sobre a tragédia dos gestos feitos ou inconclusos.

Entre os gestos inconclusos está, evidentemente, o da paixão do próprio narrador, assumida desde sempre como mola mestra da narrativa, pelo que traz à tona: a sensação da perda, do sinal que poderia ter sido dado, da palavra que poderia ter sido dita, e que poderia (quem sabe?) mudar o rumo dos acontecimentos, salvar vidas presentes ou futuras.

O testemunho não contempla absolvição; é absolutamente condenatório. A confissão também não. Aqui o leitor estará longe da autocompaixão, ou da desculpa consentida. Ambas apontam para que nosso olhar, ao se voltar para os acontecimentos daquele momento absurdo da vida brasileira, se espelhe na máscara de terror que a vítima sacrifical nos deixou como legado.

Na sua trajetória, o autor real, Urariano Mota, comete uma pequena, mas decisiva "heresia" em termos de teoria literária. Tornou-se padrão em termos de romance histórico (sobretudo a partir de um de seus primeiros cultores, Walter Scott, segundo a análise de Georg Lukács) colocar os personagens "reais" em segundo plano, enquanto os ficcionais ocupam o primeiro. Em parte isso acontece, porque todos os planos são vistos a partir do olhar e da memória do narrador fictício que se volta para o passado. Mas na ação propriamente dita os planos se confundem, devido ao laço apaixonado que conduz a recapitulação dos acontecimentos. Essa fusão, ou mesmo "confusão" dos planos, cria o forte impacto emotivo da narrativa, aludido no começo desta apresentação. Isso se deve à pujança do tema tratado, que se espelha no destino do aparentemente "menor" dentre os personagens, o feto que Soledad trazia no ventre e que morre com ou logo depois da mãe, nunca se saberá. Sobre ou sob o feto real da terrível história jaz outra imagem de feto assassinado: o do Brasil que nascia, antes do golpe de 64 e dos anos de chumbo da repressão, para o desencantamento de seu futuro. Aquele Brasil se perdeu para sempre. Recuperá-lo de alguma (ainda que inevitavelmente outra) forma é o tributo mínimo e máximo que nós, os sobreviventes, podemos prestar às Soledades e aos demais companheiros e companheiras que por ele deram suas vidas. Em nome dessa recuperação, a narrativa comum de Urariano e de seu personagem narrador vale, ao lado de outras, como preito àquelas vidas que se doaram e acabaram ceifadas pela traição inesgotável que foram o golpe e a ditadura de 1964 ao seu próprio país – traição espelhada na de Anselmo ao amor que, sabe-se lá por que, despertou em Soledad.

Flávio Aguiar
Berlim, junho de 2009.

Soledad no Recife

1

Eu a vi primeiro numa noite de sexta-feira de Carnaval. Fossem outras circunstâncias, diria que a visão de Soledad, naquela sexta-feira de 1972, dava na gente a vontade de cantar. Mas eu a vi, como se fosse a primeira vez, quando saíamos do Coliseu, o cinema de arte daqueles tempos no Recife. Vi-a, olhei-a e voltei a olhá-la por impulso, porque a sua pessoa assim exigia, mas logo depois tornei a mim mesmo, tonto que eu estava ainda com as imagens do filme. Num lago que já não estava tranquilo, perturbado a sua visão me deixou. Assim como muitos anos depois, quando saí de uma exposição de gravuras de Goya, quando saí daqueles desenhos, daquele homem metade tronco de árvore, metade gente, eu me encontrava com dificuldade de voltar ao cotidiano, ao mundo normal, "alienado", como dizíamos então. Saíamos do cinema eu e Ivan, ao fim do mal digerido *O anjo exterminador*. Imagens estranhas e invasoras assaltavam a gente.

A vontade que dava de cantar retornou adiante, naquela mesma noite. No Bar de Aroeira, no pátio de São Pedro, naquela sexta-feira gorda. Como são pequenas as cidades para os que têm convicções semelhantes! Estávamos eu e Ivan sentados em bancos rústicos de madeira, na segunda batida de limão, quando irromperam Júlio, ela e um terceiro, que eu não conhecia. Ela veio, Júlio veio, o terceiro veio, mas foi como se ela se distanciasse à frente – diria mesmo, como se existisse só ela, e de tal modo que eu baixei os olhos. "Como é bela", eu me disse, quando na verdade eu traduzi para beleza o que era graça, graça e terna feminilidade. Mas a voz que ressoou foi a de Júlio, água gelada no torpor:

– Conspirando no Aroeira?

– A gente comentava Buñuel – respondo, com dificuldade na pronúncia de Buñuel.

– Esses intelectuais... Conhecem? Soledad, Daniel.

– Ah, prazer. Prazer.

E assentando-se em torno, Júlio derramou, descuidado:

– São revolucionários. Podem ficar à vontade.

Não sei se eu era o mais covarde, mas olhei para os lados, aflito pelo excesso de "à vontade" de Júlio em plena ditadura. Que percebeu o meu temor.

– Que foi? Revolucionário é palavra da língua portuguesa. Nada mais normal.

– Sei – respondi, e mergulhei fundo na batida forte de Aroeira, a ponto de lacrimejar.

– Revolucionário é Glauber, revolucionário é Picasso – continuou Júlio.

– Sei.

– Está com medo?

Então falou Soledad. Havia nela mistura de acentos estranho e íntimo, de confortável materialidade, de terra-mãe:

– Todos temos medo, Júlio. Quem não tem?

– Certo. Mas não dá pra sentir pavor até mesmo da palavra re-vo-lu-cio-ná-rio.

O que ouvi então foi um corte rápido de assunto, na voz cálida de terra índia:

– É tão bonita essa praça! Eu passaria aqui o resto de minha vida. Que igreja linda – disse, apontando a igreja de São Pedro.

– Certo. Mas temos tarefas mais práticas. Quem quer mudar o mundo não pode ficar admirando praças.

Assim falou Daniel, que estava mais próximo a ela. Em definitivo, eu não "topava", não "topei" com ele. Não que ele fosse repugnante de feições. Mas o não "topar" vinha de uma repugnância anterior. Havia nele algo de postiço, de pose. Sim, claro, digo isso agora. Mas o que eu soube então foi um mal-estar com a sua presença, um sentimento difuso que não se definia, pior, que não queria nem de longe definir. Ele se posicionava como se estivesse em uma hierarquia mais alta. Em um altar. E àquele tipo de santo não poderíamos jogar pedras. O revolucionário intrépido.

– Sim, mas deixamos de ver a beleza? – tornou Soledad.

– Há que destruir as praças. Esta é a beleza. Estamos em guerra, filhinha.

– Você é engenheiro? – Ivan pergunta.

– Não... sou "artesão". Entre outras coisas, faço tapetes. Entre outras artes.

– Eu queria beber algo – retornou Soledad, em voz que a partir de então jamais esqueci.

Eu seria capaz de reinventar todas as bebidas expostas no Aroeira. E por isso, como "garçom" e "dono do lugar", eu lhe disse:

– Ah, temos batida de limão, de cajá, de mangaba, de abacaxi, de manga, de maracujá, de goiaba, de graviola, de araçá, de pitanga...

– Pitanga? – perguntou, divertida.

– Pitanga. É vermelha e saborosa... Você não é daqui?
– Sim, sim, perdão. Não sou. Venho da fronteira do Mato Grosso...
– E você, é daqui? – interrompe Daniel.
– Ele podia se chamar Pernambuco – Ivan responde. – Ele é revolucionário tendência Pernambuco.

Todos riram. Eu não me importei com a brincadeira, não me vexei, porque ela também sorriu. E por isso, para ser coerente com a zombaria, não esperei o garçom, fui ao balcão e de lá trouxe uma de nossas frutas, vermelhas, suculentas, com álcool. Que ela, para me pôr de volta a meu lugar – garçons são garçons, até mesmo em Pernambuco –, declinou da oferenda e serviu primeiro a Daniel. E ao perceber a minha cara:

– Nesse aspecto particular, eu sou tradicional. Maridos e companheiros em primeiro lugar.
– Em que categoria você o enquadra? – perguntei.
– Nos dois. Ele é meu marido e meu companheiro.
– Ah!

Uma nuvem escura passou sobre a mesa. Uma nuvem passou sobre o pátio de São Pedro. Era de noite, eu sei e me lembro. Mas senti ali, no céu noturno, a luz fugir como se uma nuvem atravessasse a lua.

– Peça uma para mim também. Esta é boa – assim o santo do altar, Daniel, me ordenou. E por isso gritei:
– Garçom!

Para não reproduzir com travessões os diálogos daquela noite, digo e falo do clima e atmosfera que me ficaram. No cômputo geral eu me embriaguei, fui do divertido ao lamentável, passando pelo ridículo e imprudente. Soledad cintilou mais de uma vez e desconfio, para minha mágoa, que não só para mim. Houve um momento em que senti seus reflexos em Ivan, em que vi suas palavras suavizarem o áspero Júlio, em que senti até mesmo a escada que suas observações faziam para Daniel. Para que ele pudesse também brilhar, digamos assim.

Não quero, mas devo dizer. Daniel era um homem que tinha brilho próprio, com Soledad, sem Soledad ou contra Soledad. Mas com Soledad, naquela noite de uma sexta-feira de Carnaval, no pátio de São Pedro, ele se defrontava com um acúmulo de circunstâncias desfavoráveis à sua augusta presença. A plateia estava encantada por Soledad, pela simples e luminosa presença dela. Eu, Ivan, Júlio, o garçom, Aroeira, vizinhos à nossa mesa, estávamos todos absortos no brilho dos olhos, da doce face, lábios, voz quente de Soledad. Se ela dissesse, ora, se dissesse, se ela tossisse, se ela espirrasse, nós nos portaríamos como os aduladores que desejam os favores dos mais ricos, "mas como espirra bem", ou "que tosse gentil", diríamos, sem pejo e sem trauma. Por isso, com o seu instinto de fêmea, mas com o seu saber solidário, com a sua tradição de mulher destes trópicos, ela não queria ver seu companheiro em posição secundária. Por isso, ela lhe fazia "deixas", espaços para que ele assumisse a cena, como os coadjuvantes fazem para os astros em esquetes de comédia. E ele sorria, muito à vontade, como se jamais houvesse descido do Olimpo.

Uso agora a palavra descido, vejo o alto em que ele se encontrava, percebo o seu peito repleto, como se estivesse com peitilhos muitos e sobrepostos, noto os seus olhos sem luz, como se nos vissem por escuros buracos de máscara, e, forçoso é dizer, ele passa a lembrança do Homem da Meia-Noite do Carnaval de Olinda. Mas não exatamente do boneco de quatro metros de altura, que vaga e dança entre a massa nas ladeiras da cidade ao som do frevo. Refiro-me à caricatura do boneco, à imitação que rapazes fazem do boneco, quando põem sapatos com saltos de 25 centímetros e se põem a evoluir na dança como se o Homem da Meia-Noite fossem, a rodopiar, a bater nos corpos suados de foliões bêbados, e se curvam como se saudassem o frevo, e de tal modo que 37 anos depois dessa noite de 1972, uma revelação nos disse: "O Homem da Meia-Noite é gay". Mas é claro, em vez do Daniel com estes olhos de 2009, então eu não o via como percebo agora as caricaturas do Homem da Meia-Noite, mas ali estava um anúncio. Os clarins soavam. Pela pose na mesa, naquela noite, lembro dele como se estivesse com peitilhos, e eu não sabia nem entendia por quê. Eu não tinha tal conhecimento repousado em experiência, e por isso eu o via como um personagem em primeiro plano, que uma estrela, com raios, destacava da caverna do Olimpo. Ele nos furtava Soledad, sentíamos. Ele nos roubava o seu brilho. Não sabíamos ainda em quantos significados nos roubava a luz, mas já nos furtava a estrela com a violência de sua presença. Dizia-nos Soledad, falando por meio de nós para ele:

– De fato, eu tenho uma tendência romântica e me encanto com a beleza das coisas sem utilidade. Mas belo mesmo é o tempo futuro, para todos nós.

– Mas não há beleza na batida de pitanga, no cheiro desta cerveja? Sentir esta beleza é imoral? – pergunto.

Então Júlio, o desastrado e verdadeiro Júlio, sem se dar conta, reforça a presença de Daniel.

– Belo mesmo é cerveja para todos, cerveja para todo o povo. Como pode ter beleza um privilégio? Se somente eu posso ter o gosto desta bebida, isto não pode ser belo.

Isso completou a escada para Daniel, porque Soledad respondeu:

– Sim, sim, uma arma pode ser muito bela. O que uma arma faz pode não ser muito belo – e olhou o companheiro, o que fez em mim correr um frio. Ele não se fez de rogado:

– Ninguém gosta mais de arte que eu. Entende? Eu sou um artista. Tanto por formação quanto por prática. A minha sensibilidade é artística. Mas isso é um luxo, companheiros. Nós não podemos nos dar a esse luxo. Há tarefas mais práticas, que exigem uma arte mais fria.

– Que arte, pode nos dizer? – Ivan pergunta.

— A arte da guerra. A arte de juntar pessoas, de reunir homens que estejam dispostos para um fim.

— Para uma finalidade, você quer dizer — comentou Ivan.

— Sim, claro.

Eu não entendia nada de psicanálise. Eu então não gostava de psicanálise. Eu então odiava a psicanálise. Falava mal dela como um símio, como um gorila encarcerado em uma loja de cristais. Ah, um mundo de significados e anúncios de destino eu perdi com essa arrogante, estúpida, feroz e suicida ignorância. Pois as coisas que ali estavam postas, e o pensamento feroz não percebia, vêm, o que eu evitava retorna hoje com toda a carga. Eu não percebia, não PCBia, eu não queria perceber. Talvez porque a amasse. Talvez porque eu confundisse a revolução com a pessoa de Soledad. Como eu poderia prever o pássaro que canta no jasmineiro, agora, 37 anos depois?

A minha aversão por aquela imponência de Daniel eu misturava então com ciúme, ora, ciúme, o ciúme tem a posse, pelo menos deseja a posse, ainda que tenha a crucial dúvida da posse. A minha aversão por ele era o que todos sentimos diante de um obstáculo, deveria dizer, diante de um mais que injusto obstáculo. Ele não possuía, sentíamos, qualificação humana para aquela mulher. E, no entanto, a mulher era "dele", e de um modo que nos enchia, não de revolta, porque nem para isso tínhamos o direito, mas de aversão, contra ele. No entanto, percebam o patamar, baixíssimo patamar onde então nos encontrávamos: nem mesmo dessa aversão tínhamos consciência, porque então a consciência era a que devíamos ter. Um romance novo poderia nascer se eu grifasse esta frase: a consciência era a que devíamos ter. Mas devo seguir, como se não a houvesse escrito. Quero dizer, se não podíamos ter, se não devíamos, para nós era o mesmo que não ter disso consciência. Porque tê-la, naqueles anos, era menos um fenômeno psicológico que uma imposição ética. O que não deveria ser estava proibido, obscurecido, vedado. Condenado. O obscurecido era uma obscenidade. "*No pasarás*", e descia sobre o pensamento um muro intransponível. Não sabíamos, ou não queríamos admitir desejos outros que também possuem a sua lei. Escrevi há pouco "vedado", mas para as astúcias da consciência deveria escrever "velado". Encoberto, e por isso não queríamos ter daquele indivíduo uma aversão. Poderiam nos perguntar, agora:

— Naquela hora, você queria ser ele?

Não, com absoluta certeza, não. Queríamos apenas ser nós mesmos ao lado e ao amparo daquela voz quente, saudável, solidária:

— Querido, *mira*, ele não se parece com aquele amigo?

— O poeta do imaginário? — volta-se para ela Daniel, com um movimento duro de pescoço.

— Sim, sim — ela responde. E para mim: — É um poeta amigo, grande amigo. Sossegues.

Júlio, Ivan, como qualquer companhia de excluídos, não gostaram de que um dos doentes recebesse atenção da única mulher à mesa. E por isso Ivan "detonou", fez subir o Ivan 2, como a partir de então descobri nele, o seu recurso de sobrevivência quando ameaçado. Vestiu a fantasia do Ivan palhaço.

– Você disse poeta imaginário? – perguntou a Daniel.
– Não. Poeta do imaginário.
– Dá quase no mesmo – retornou – Este rapaz aqui – e o rapaz era eu – pode não ser poeta, mas é um tremendo canastrão do imaginário.
– Sim? – quis saber Soledad. Essa pergunta era o que Ivan queria.
– Sim-sim-sim-sim, muitos sins. Sins.
– Pecados, queres dizer? – Soledad, para meu azar, perguntou.
– Pecados também... Este rapaz aqui, sem o menor escrúpulo, já arrancou lágrimas, lágrimas, a declamar o monólogo mais imbecil que os meus ouvidos já viram.

Eu poderia ter dito que ele vira com os ouvidos porque era cego. E, portanto, que ao dizer ter visto algo com os ouvidos, isso era prova de que ele não passava de um grandessíssimo mentiroso. Mas essas boas respostas só nos ocorrem mais de trinta anos depois. Por isso ouvi, e também vi com os ouvidos, em recolhimento:

– Vocês querem coisa mais vigarista que o Dia das Mães? Pois esse rapaz não teve a menor vergonha de recitar na escola, no grande dia: "Mamãe, minha mamãezinha...".
– Mas de lá pra cá eu mudei muito – consegui dizer.
– Sim, sim?

Talvez a minha cara tenha ajudado muito, porque os risos estouraram na mesa. Então eu "sorri", divertido. E os risos estouraram mais alto. E por isso mais me encolhi, e disso não deve ter gostado Júlio, ao notar que Ivan assumia um lugar de satisfação para todos. Por isso deu a volta para um destaque no torneio:

– Você, Ivan, exagera muito.
– Eu? Você devia estar naquele dia, para ver "Minha mãe, minha mamãezinha".
– Certo. Mas todos nós cometemos bobagens na infância.
– Não, ele já era homem, homem forte. Mamãezinha...
– Você mesmo nunca cometeu um ridículo? Você teria coragem de confessar um ridículo?
– Eu?! Claro. Sem dúvida. Mas jamais como um canastrão do imaginário.

O pior é que ele dizia essas coisas ásperas com um ar divertido. E porque era brincadeira, todos riam. Então eu me lembrei de linhas de um poema que havia lido no *Pasquim*. E disse:

– Isso me recorda Fernando Pessoa: "Nunca conheci quem tivesse levado porrada. Os meus conhecidos são campeões em tudo... Eu sou aquele que na hora do soco me abaixei", não é?

Soledad ficou encantada:

– Muito verdadeiro. Parece um desabafo. Mas é poesia.

Entre nós – entre mim e ela – se estabeleceu uma corrente, que digo?, senti, devemos ter sentido uma zona de radiação, de imantação, algo como deve existir nos espaços curvos em torno dos imensos corpos. Lá no espaço escuro, mas repetido aqui nesta noite no pátio de São Pedro. Correu por mim uma corrente, um fluxo, que pareceu me dizer "toca-lhe o pescoço, toca-lhe as mãos, e haverá um incêndio". Senti que se a tocasse eu lhe transmitiria um choque, uma doce e pequena descarga em corpo inflamável. Então me veio a tortura de um sentimento de atração e medo. Como se eu recebesse um irresistível chamamento para o abismo.

2

Não sei, olhando hoje para aquela mesa no pátio de São Pedro, naquele Carnaval de 1972, não sei se tive, se tivemos sorte ou azar. Uma parte impetuosa, romântica, me fala que eu tive azar. Uma outra, realista, dura, pragmática, documental como os balanços contábeis, me fala que eu tive sorte. Quero dizer. Quando recordei Fernando Pessoa para Soledad naquela noite e ela me olhou de um modo a que não pude resistir, e, cego, mesmo sem vê-la, pude sentir o calor de radiação que se estabelecia entre nós, um magnetismo, um ímã, um pegajoso visco que nos clama, quando isso recordo, penso agora que tive, que tivemos azar em não construir uma relação total, fecunda e duradoura, que mudasse nossas vidas para sempre. Penso. Poderíamos ter fugido, fulgido para Madri, Roma, Cochinchina, fugir para que pudéssemos então realizar o objeto do nosso carinho e desejo. Fugir de todos. Sim, e isso era então, mais que agora, mais que hoje, isso era também fugir ao combate, à guerra, desertar das fileiras contra a ditadura. Assim era em 1972. Claro, para fugir teríamos e deveríamos ter uma nova dialética, para contrapor aos insultos argumentos sólidos, livres, arrancados à força de Rosa Luxemburgo, de poemas libertários de Maiakóvski, quem sabe, ocultar a nossa profunda necessidade de ser juntos com a criação de argumentos irresponsíveis. E mergulharíamos em um furacão de outra sorte, de melhor sorte, imagino ou quero imaginar agora. Porque, é claro, dificuldades, muralhas seriam erguidas contra a nossa humanidade, execrada como exclusiva, egoísta, bem sei agora. A natureza de Soledad ordenaria uma conversa séria, definidora, com Daniel. Ele moveria mundos e forças contra essa absurda decisão, mobilizaria companheiros, dele, dela, e usaria, bem sei, recursos do inescrupuloso ao inescrupuloso, em suas mais diversas formas. Então, por isso, talvez não fôssemos para o México ou a Europa. Certo, mas um certo de certamente. Mas teríamos tido o nosso contato! Teríamos tido uma obediência breve ao circuito elétrico que nos pusera sob seu domínio. Mas se esse breve contato nos fortalecesse ainda mais para o mergulho sem volta em nossos direitos de paixão? Ora, como seria lícito e razoável esperar-se que jovens sentissem o gosto doce e abrasante do amor, o chamado gosto alienante do amor, gozarem todas suas possibilidades na cama e entorno, para que se dissessem ao fim, "foi bom, fiquemos por aqui"? Será lícito e razoável esperar-se tão grande, maduro e grego estoicismo? E como entramos no reino das hipóteses, da livre imaginação, aquela mesma estranha ao mundo de qualquer lógica, eu assumiria este brilhante estatuto: eu te amo, Soledad, nós nos amamos, brava e bela, és o meu guia e luz, para depois concluir: foi bom, muito bom, separemo-nos, adeus, porque a ternura será o rescaldo da paixão?

O acima, deveria até mesmo dizer, esse acima de mim, dos meus dias, é possível, digo mesmo, é plena e absolutamente possível. Imaginar é, em si, delinear um programa. Um roteiro e um caminho para a vida. E esse caminho, de gozar o paraíso e a ele renunciar, ainda que terrível, seria melhor que a frustração, o sentido de que perdi aquele amor, quando dele tive a oportunidade. Isso não é ser lascivo, hedonista, leviano. Se só temos uma vida, por que devemos nos regozijar com a frustração de não ter obedecido ao amor? No reino do soberano da imaginação, poderíamos ter sido felizes, louca e apaixonadamente felizes, e por isso teremos sido azarados em não entrar fundo naquela zona magnética.

No entanto, no reino do balanço patrimonial, dos créditos e débitos, foi credor o meu saldo. Tive sorte em ali não ter entrado. Sorte, maneira de dizer, entendam. Sorte na precariedade, sorte primária, sem gozo, luxo ou luxúria, sorte que apenas quer dizer "estou vivo". Há pouco, em linhas antes, escrevi que tive azar por não ter construído uma relação total, fecunda e duradoura, que mudaria nossas vidas. E chega a ser interessante como fornecemos argumento *ad hominem*, com um dedo voltado contra nós mesmos, com um indicador que salta e não conseguimos vencer. Ora, diz-me um cínico sobrevivente, pôr um ponto final em nossas vidas, abreviá-las, também é uma forma de mudar de vida. Isso um cínico anotaria como uma conformação, em outro livro que não este.

Mas ainda é cedo. Ainda estamos nesta noite, nesta sexta-feira de Carnaval. Tudo, apesar do que vivemos, tudo ainda é esperança, tudo é por vir, perfume, pó e talco. É curioso como, no ir e vir da memória, que sempre nos carrega também para o que houve depois do fato a que se volta – e daí ser impossível a fotografia nua deste instante –, é curioso que nesse voltar à sexta-feira gorda a imaginação pede que estivéssemos – como um *décor* – entre serpentinas, confetes, colares havaianos, chapéus de marinheiro, ou até mesmo máscaras, e manda ao diabo o possível mau gosto. Faz sentido, o mau gosto faz sentido, ela nos diz e deseja impor. No entanto, o sentimento, retrato mais preciso que o visível em um *flash* fotográfico, corrige a foice esse devaneio. Apesar das luzes do pátio de São Pedro, e bem sei o quanto ele estava iluminado, pois assim mandam os fatos e os dados de uma abertura de Carnaval à noite, apesar dessas luzes, eu não vejo pessoas coloridas, como seria de se esperar em um Carnaval. O sentimento me conta que, se não estávamos todos em branco e preto, porque aqui o sentimento briga contra a lógica, estávamos todos sob um reino ambíguo, ou, se querem algo mais fotográfico, factualmente fotográfico, nossos rostos possuíam metade branco e preto, metade arco-íris. Falávamo-nos para a parte em cores – era Carnaval, éramos jovens, éramos promessa de um mundo novo –, mas nos entendíamos pela parte entre sombras. A nossa própria cara julgávamos exposta em cores de aquarela, mas víamos nos demais rostos sem luz. Víamos, modo de dizer. Sentíamos um rosto, mas ou não queríamos vê-lo, ou não podíamos vê-lo. Porque era doloroso.

As páginas seguintes são as anteriores.
Naqueles anos, o amor era uma alienação. É claro, disso sabemos agora. Se nos afirmassem isso então, reagiríamos irritados. Sem pensar, haveríamos de dizer: "na ordem do dia, existem ações mais urgentes que namorar e tocar as mãos". E namorar e tocar as mãos, que púnhamos no lugar do amor, era uma brutalidade para destacar o ridículo de ficar pegando mãos, em lugar do mais prático e forte, foder e foder para toda a vida. Era uma brutalidade que não reconhecia na ternura uma instância legítima.

– O amor é uma alienação? – lembro que ouvi essa pergunta de Soledad, na mesa. Ouvi-a e tive vontade de entrar em mim mesmo, porque me pareceu ser uma pergunta feita diretamente a mim. Pergunta com uma intimidade maior que a minha pessoa ali, porque certeira se dirigia ao sentimento que eu nutria oculto. Baixei os olhos e notei de imediato que esse baixar era uma vexatória confissão. Levantei a seguir o rosto, incapaz de fitá-la, dirigindo meu olhar para a igreja de São Pedro, que se tornou apenas uma parede lisa, simples e sem forma. Massa escura na noite. Houve um pequeno silêncio, e depois:
– É claro que é – respondeu Daniel.
– Sério? – voltou Soledad. Então ela se virou, e pude ver suas pernas grossas, a se baterem, como se represasse coxas em fúria.
– Se não é alienação, é um atrapalho, um tremendo embaraço.
Embarazo, ouvi, com um acento castelhano.
– Mulher *embarazada*, queres dizer.
Daniel sorriu:
– Homem embaraçado também.
Então Júlio interveio, no que parecia um diálogo perverso:
– Não vejo nenhum embaraço. Se a tua amada é uma revolucionária, o amor deixa de ser uma alienação.

– Entendo – falou Ivan – Se eu me apaixono por uma mulher alienada, o amor é uma alienação. Se me apaixono por uma revolucionária, o amor é uma revolução.

Mais uma vez falavam de mim, eu sentia. Com certeza, eram sabedores de meus atrapalhos com mulher alienada, e por isso eu não seria nem poderia ser um revolucionário. Para a revolução, esses acontecimentos eram um estorvo. Sim, hoje eu sei que não amava aquelas namoradas de antes. Por motivos alheios à revolução. Mas aquela conversa à mesa explicava o meu não-amor, o meu fracasso, porque naqueles dias todos os fenômenos eram vinculados.

– Está um pouco simples, não acham? – voltou Soledad. – Parece que há uma condição prévia. Que o amor pede atestado ideológico, antes de mais nada.

– Sim, por que estranhas? – perguntou-lhe Daniel. – A tua própria história tem sido assim. – E fitando-a mais alto, como um ser mais alto a uma refém: – Estou enganado?

– Não, não, por suposto – Soledad respondeu, baixando os olhos.

Aquela autoridade, moral, dele sobre ela me irritava até um ponto insuportável. Me feria fundo. A única razão para isso, eu me dizia, cego de raiva, era que aquele canalha devia fodê-la bem. Comovia, aquele rosto sublime de Soledad. Isso ainda mais me irritava. Então o amor tinha esse lado canalha, vulgar, de porra e gozo simples?

– Com tais antecedentes – eu disse a Daniel – os homens da organização, entre eles mesmos, seriam os melhores enamorados e enamoradas. Nem mesmo engravidam. Embaraço zero.

Daniel me olhou entre o riso e a desconfiança. E respondeu, com traiçoeira mansidão:

– Claro. Se o companheiro sente amor por homem, será melhor assim.

Os risos estouraram. O que ainda mais me irritou:

– Eu penso que discuto com pessoas inteligentes. Eu desenvolvi uma tese até as últimas consequências. Chama-se uma demonstração de um teorema ao absurdo, entendem?

– Certo, poeta, matemático... e seguro revolucionário – observou Ivan.

Os risos foram mais altos. Aquela não era bem a minha noite. Era como se ali não fosse o meu tempo. Não sei, imagino que deve haver um tempo certo para um sentimento certo, para um personagem certo ou pessoa certa. Eu havia e estava errado em todos esses momentos. Eu estava loucamente apaixonado por Soledad, mas não era um revolucionário. Ela, parecia, estava apaixonada por Daniel. Que a subjugava em público do modo mais canalha. Ivan se dizia meu amigo, mas me expunha como se eu fosse um palhaço, do gênero dos que têm um coração bordado na bunda. Eles – Ivan e coração – me levavam ao ridículo em frente a Soledad. E Júlio, Júlio era o próprio ataque irrefletido, cheio de calor e sectarismo:

– A revolução tem suas tarefas, urgentes. O mundo gira todo em revolução. Só tem valor o que serve à revolução. Entende? Deve-se levar a mulher para a cama como uma tarefa revolucionária. Se ela não for revolucionária – e aqui, mais inflexível, o seu discurso era contra a minha prática –, trate de ganhá-la. A sua tarefa é trazê-la para a revolução, entende? Senão ela atrapalha.

Bebi mais. Eu queria ficar bêbado. Eu queria ficar bêbado, mas a paz – do álcool – não chegava. A minha dor crescera, o mal-estar me engolia, mas o torpor do álcool não me baixava, não me punha em um recanto suave. Sim, agora e hoje sei que não existe paz no torpor. Existe só, e só, um suicídio lento e covarde, enquanto a fria morte não vem. Mas como suportar então as sucessivas dentadas daquela noite? Com a voz engrolada, um idêntico a meu ser íntimo começou a dizer:

– Nunca conheci quem tivesse levado porrada. Todos os meus conhecidos têm sido campeões em tudo...

E bebi e bebi e puxei um samba triste, um samba curtido, uns boleros que mais me espicaçaram o peito. Mas eu não conseguia dizer a minha letra para uma canção. Mas eu não alcançava, não sabia, como todos os meus ascendentes desejavam, me levantar e escalar o pescoço, a boca, os olhos, o nariz de Soledad com a música que cantasse: "como posso tocá-la? Como posso tocar sua alma? Como posso tê-la junto a mim?" Ao que acrescento agora, 37 anos depois: como posso ir até a sua pessoa?

3

Aqui é o lugar de não mais omitir uma pequena fraqueza. Eu espionava e esperava Soledad havia um certo tempo. No pátio de São Pedro não foi a primeira vez que a vi. Nem mesmo a segunda, se lembrar o encontro com a sua pessoa, à saída do Cine Coliseu uma hora antes. Nem mesmo a terceira ou quarta vez que a notara. E aqui vai uma confissão a termo, na medida do que posso contar.

Ela era para mim a estrangeira. Quero dizer, devo dizer, ela era para mim a mulher idealizada. Escrevo isso e me causa repulsa o que escrevo. Mas eu devia ter mais repulsa ainda de ter abrigado um sentimento tão... se cometo o mau gosto de casar idealizado e alienado, tão idealienado. Um demônio manda que eu diga: no princípio, Soledad era um ideal quase quimera. Coisa feia é a realidade. Coisa horrível é expressar essa realidade. Por isso digo e me protejo de rompantes sentimentais de bolero. Por isso assento agora como assentaria um escrivão em um boletim de ocorrência da polícia.

Em 1972 eu estava no Cantinho, um bar no Alto da Sé, em Olinda. Bebia sozinho, de costas para as outras mesas, em parte para que não vissem a falar comigo mesmo a um canto, e em parte porque desejava ter os olhos fitos no porto do Recife ao longe, que do Alto da Sé enxergamos. Era noite. Esse não é o melhor período de se ver o Recife a partir de Olinda. O melhor é de dia, é à tarde, quando a luz do céu desce para o verde e azul do mar, e nos sentimos em uma ilha privilegiada, entre o mar e o céu e a humanidade perto. Mas ainda assim, à noite, o Recife é belo, somente visível nos pontos luminosos, somente entrevisto nas sombras do que foi, a reter imagens de horas antes. Como um cego, eu percebia as pessoas chegarem pelos meus ouvidos, pelo cheiro, pelo calor que seus corpos emanavam em ondas. Mergulhado em mim aos 21 anos. Estava em um vazio e, se me entendem, em uma agitação a correr num vácuo, que não encontrava abrigo. É como alguém se sentir oco, sem fígado e sem intestinos, sem entranhas, mas com uma cabeça que não cessa de administrar esse vazio. Administrar, que digo? Os espíritas dizem melhor esse fenômeno com o conceito de alma penada. Aquelas que sem corpo vagam em angústia na terra. Por isso eu me dizia, preciso beber, preciso. Por isso, atrás de mim ouvi bem uma voz que perguntou:

– *¿Te gusta?*

Então um jovem – ainda que me julgasse um adulto, velho, acabado, em tormento –, então um jovem com a perspectiva de olhar a noite do Recife ao longe, quando ouviu essa voz nada estranha, mas estrangeira, foi o mesmo que receber uma ordem: "vira-te agora". O que fiz. Recebi o sentimento de atravessar sete portas de sete câmaras de caverna sucessivas, porque vi.

"Era uma criatura formosa, de cabelos macios e longos, pele branca e sobrancelhas de cor castanha escura, quase negra", nas palavras de sua irmã, dezenove anos depois. O que vi naquela noite foi uma mulher impressionante, e mais não precisaria dizer, porque a vi de olhos a cintilar, cabelos longos, com um frescor de pele, risonha. Uma mulher radiosa. Se me expresso grosseiramente, quero dizer que ela possuía feições da mulher que não está no mercado. Que ainda seria descoberta por fotógrafos inteligentes, 37 anos depois. Era vê-la, retirar-lhe os olhos, e por sua imagem ser perseguido. Então eu me voltei para a visão da noite do Recife, como num susto. Mas não deixei, nesse movimento, com um olhar de arrasto, de trazer para mim pormenores que a vista já ordenara: ela se vestia com uma blusa que chamávamos estilo hippie, florida, calças jeans que destacavam coxas largas, e um decote a insinuar seios fartos. Os seus pés não estavam descalços, percebi, com enorme pesar. E havia um obstáculo – um homem – a seu lado. Por sorte minha, ele dirigia sua atenção a ela, e não fui notado, e ser notado, para a minha timidez, era então uma imprudência. Há defeitos que se tornam uma virtude, em certas épocas de nossa vida.

A noite, as sombras dos morros, dos rios, dos edifícios do Recife, já não mais me distraíam. De costas, eu os escutava e ascultava.

– *No me gusta que me mientas.*

– E quem mente?

– *Tu, es claro.*

– Era bom que notasses que estamos no Brasil.

– *¿Sí?*

– Aqui falamos português – ele lhe disse. E, depois de um silêncio, ela respondeu:

– É verdade.

Ele falava suave, como um noviço do mosteiro, que fica em frente ao bar.

– Tu me amas? – ele pergunta.

– Sim, sim. *Pero*...

– Que *pero*, Sol? *No hay pero*. Sim ou não, é simples.

– Sim, eu te amo, *pero*, por que me mentes?

– Então é mentira o meu passado de luta?

– Isso te dá o privilégio de não mentir?

– A justiça é o interesse dos privilegiados. Isso está em Platão. O meu passado é meu privilégio.

– *Mira*, que lua bela.

Eu pude ver... melhor dizendo, eu pude sentir que a mudança na discussão, interrompendo-a, nada tinha de romântica, embora se desse entre uma declaração de amor e uma noite de lua. De imediato estranhei, mas depois me ocorreu que esse corte dizia mais respeito à segurança naqueles tempos. "Passado de luta" era frase, era uma senha que denunciava o falante em 1972. Uma expressão que somente poderia vir de gente subversiva, clandestina. Mas a voz que eu ouvia não encontrava coerência com a de um homem impulsivo, apaixonado. Era uma voz mansa e fina. Quase diria, suave. Dele não se poderia dizer que fosse um insensato, um terrorista louco. Senti um arrepio no braço. E a minha vida depois sempre me alertou para um futuro decisivo, no bem ou no mal, com arrepios no braço. Embora eu não percebesse até há pouco esse aviso, só um súbito frio. Na hora eu traduzi isso pelo pensamento de que aquele homem iria à forca ou mandaria enforcar com a mesma voz mansa. Daí que me levantei para ir ao banheiro e assim poder vê-lo melhor. Passei pelo casal, de cabeça baixa pelo perfume que da sua mesa emanava. Na volta, pude vê-lo. Era um homem de cabelos negros, olhos de índio, com um porte de ator de cinema, mau cinema, de Hollywood. Um certo ar, gestos, maneiras, de artista plástico. Devo dizer, do artista plástico que o burguês adota, como um quadro na sala de visitas. Ele fumava com a mão esquerda e repunha o cigarro no cinzeiro com um toque gentil. Acho que ele me percebeu, eu notei, apesar de eu vencer a sua mesa com a cabeça baixa. Um agudo olho me seguiu, pressenti, um pressentimento reforçado pelo acintoso silêncio do casal. Incomodado, não demorei a pedir a conta e saí.

"Eu sou um privilegiado. A minha folha corrida de lutas me autoriza", mais o seu porte, que não sofria rupturas, descontinuidades, como somente pude vir a notar em 2008, quando vi jovens a sair de academias de ginástica, onde executavam e ganhavam músculos de guerreiros de cinema. De fato, aqui e assim me expresso e não sou feliz na expressão. O mal da frase retórica é que ela pode encantar como um verso da letra de um tango, e ao mesmo tempo nada expressar. Nada dizer, agarrada ao real, da pessoa e da situação que narra. Quase diria do objeto, mas não disse, para não ser confundido com objeto de ciência positiva e exata. (E quando aplicadas a pessoas como são burras, exatamente burras, as exatas.)

Quero dizer, ouso dizer. Nele, Daniel, havia contradições e até antagonismos em uma só e só uma pessoa. O porte altaneiro, de queixo erguido, no que poderia ser um queixo erguido por sistema de pose, remetia de fato ao modo arrogante de jovens que confiam demais nos próprios músculos e forças brutas. No entanto, nele havia outras associações. Vê-lo a partir da lembrança de outros encontros, como um indivíduo de cabelos largos, bigodes caídos, finos, de uma tessitura oriental, de olhinhos vivos, dançantes, quase zombeteiros. Ou vê-lo pelos cabelos descidos nos ombros, pelos cílios longos e numerosos, pelos dedos finos, pelo recato que insinuava na sua pessoa, como se fosse um ser frágil. Ou pelos rasgos orientais que ganhavam distância, como se ele visse o mundo sem ser visto, ou como se visse o mundo interpretando-o, escondido num outro ser coberto, deixando ao público uma face removível, ainda não é vê-lo. A tentativa de buscar a totalidade de uma pessoa, de um ser, por sucessivos planos como um quadro cubista, não serve, porque os planos físicos, espirituais, não ganham o corpo de uma pintura. Os sucessivos planos se interpenetram, se influenciam e se excluem em um quadro de duas dimensões. A unidade de tantas camadas só será conhecida muitos anos após 1972. Mas agora, como um amante frustrado, que não abarca o amor em razão do companheiro da mulher desejada, um obstáculo, esse homem, de tantas virtudes, das quais jamais teremos uma só, a saber, vitórias, coragem, heroísmo, beleza, inteligência, informações políticas, habilidade nas artes, e, suprema das habilidades, o amor de Soledad que não tenho, é para ele que declamo estes versos:

> Quem me dera ouvir de alguém a voz humana
> Que confessasse não um pecado, mas uma infâmia;
> Que contasse, não uma violência, mas uma cobardia!

É para ele que me dirijo em pensamento, ao declamar esses versos na sexta-feira de Carnaval, enquanto falo aos companheiros da mesa. A esse grande homem junto a Soledad, que agora percebo. Ele estava fantasiado como o Homem da Meia-Noite.

4

Escrevo este livro agora e caio em uma contradição, para não dizer um paradoxo. Escrevo este livro para falar da vida e – pretensão das pretensões – flagrar o movimento. Há uma contradição íntima, interna, já na primeira pretensão, que escrevo para falar da vida, e bem sei que passarei pela morte. Vida sem morte é uma ilusão que alimentamos na primeira juventude. Não me deterei por enquanto sobre isso. Porque desejo falar sobre a vida, neste outono de 2009, e a vida é aquilo que se passa enquanto escrevo. A vida está ao lado, corre célere agora mesmo, e pede, mais que pede, exige, ordena uma interpretação, um instantâneo, um flagrante. A paralisação do voo do beija-flor. Mais grave que isso, porque passa ao largo da paralisação mecânica do movimento. Não são asas em um voo congelado. Não é o instante infinitésimo no percurso e paradoxo da flecha de Zenon. É como – se me permitem comparar mal – um olhar fixo e perseguidor. Vivo, permanente e ciclópico. No entanto, além dessa ambição, e muito mais além do escrito, a vida corre, ao lado de mim. Penso na Colômbia, na guerrilha da Colômbia, nas Farc, nos paramilitares e seu terror, e, portanto, penso nos dramas, tragédias e tragicomédias que reclamam um relato agora. Que não temos, ou não vemos, porque estamos a escrever sobre o que não temos de imediato ante nós, porque os nossos olhos estão voltados para uma região aquém do presente.

Escrevo este livro com minha atenção voltada para o que foi antes. Mas me defendo, ou quero me defender, quando reflito que a narração está sempre voltada para o que foi. Ao que acrescento, para o que foi e continua a ser, porque com a memória reconstruída podemos entrar na história, 37 anos antes deste 2009.

Quero dizer, o culpado foi Júlio. Foi Júlio quem me contou, duas semanas depois daquele encontro no pátio de São Pedro. Júlio, o culpado, penso. Mas reflito, se esqueço as atrocidades depois daquele contato: como ter a experiência 37 anos antes? Júlio era um homem impulsivo. Corrijo: um jovem. Um homem era o que todos gostaríamos de ser. Em 1972, quando entrou esbaforido em minha casa, Júlio estava nos seus 23 anos.

– Vem cá. Tenho novidade.

– Fala. Fala aqui, rapaz.

– Então aumenta o som – ele me disse olhando para os lados.

Então aumentei o volume do meu passa-disco. "Mamãe, mamãe não chore" tocou mais alto. E Júlio falou mais alto, a brigar com a música de Torquato Neto:

– Sabe Daniel?

– Que Daniel?

– Aquele cara, marido de Sol... aquela moça bonita, que a gente conversou com ela, rapaz.

– Sei, eu disse – e olhei para um lado, para calar em mim uma voz certeira: "como não saber quem é Sol? Ela não me sai do pensamento. A sua imagem me persegue" – Sei – repeti –, que é que tem?

– Eu me encontrei com ele na Cidade Universitária. E... ele tem armas, rapaz. Ele tem facilidade para distribuir armas. Entende? O que a gente precisa, ele tem.

Escrever sobre isso me dói até aqui, em meu ventre, até hoje. É como a recuperação de uma dor, que volta. Coça-me como uma ferida que pensei estar cicatrizada. Isso porque Júlio enfatiza com os olhos o que me conta, inflamado:

– Ele tem armas, cara. Armas!

Difuso em mim cresce um sentimento de repulsa e de cautela. Ora, entrar em posse de armas é uma definição que não quero. Como diria um protestante, diretor de um colégio no Recife, numa noite de tempestade quando um raio iluminou a sua sala:

– Senhor, eu ainda não estou preparado!

Eu poderia também dizer a Júlio "eu ainda não estou preparado", mas isso era uma, como dizíamos então, uma reação subjetiva, psicológica, que nada tinha a ver com a oferta objetiva de armas. Esse era o bem sonhado que se oferecia. Armas!, enfatizava Júlio, e por isso mais ergui o grito de Gal Costa no passa-disco. Não sei se existe na gente um sexto, sétimo, oitavo sentido. Mas digo que lá em um remotíssimo sentido, em uma ordem indeterminada, aquela oferta acendeu em mim uma tênue luz vermelha. Como e por que se davam essas armas tão boas e generosas? Essa pergunta não fiz, embora ela começasse a crescer em mim. Certo, não a fiz também por medo, como escrevíamos então para maior pavor com acento, mêdo, mêdo de que dissessem que estávamos com mêdo. Por que essa oferta tão generosa de um Daniel que mal conhecíamos? Havia uma razão imperiosa que poderia ser brandida de volta contra semelhante e insultuosa pergunta: porque assim era a revolução. É claro. Porque assim era a revolução. Esse era um estágio que suspendia todas as dúvidas, que resolvia todas as questões, que mandava ao inferno toda e qualquer lógica. Porque assim era a revolução. Os saltos mais miraculosos e mirabolantes a revolução poderia dar. E o pior, ou o melhor, não sei, mas o certo é que ela dava. O oferecimento de armas, que passava por cima de toda lógica, se nutria de casos em que a lógica da conformação fora vencida. Por isso Júlio estava excitado, excitadíssimo:

– Ele tem armas, cara! Armas, entende?
– Sei... interessante.
– Interessante?! Bom demais, cara. Acorda! Essa é a maior notícia de 1972.
– Claro – eu consegui dizer – Claro, mas...
– Mas o quê?!
– Mas que tipo de armas, sim, de que tipo?
– Era só o que faltava... Sei lá. Fuzil, revólver, bomba, metralhadora, sei lá.
– Deve ter tudo isso. Você acha.
– Não importa, rapaz. Presta atenção: não importa. O que ele trouxer, cai do céu.

"Mamãe, mamãe não chore, a vida é assim mesmo", esse refrão, cantado por Gal, talvez não estivesse mais a tocar na vitrola. Mas não posso me recordar desse dia sem que essa música venha a meus ouvidos, deles não saia, como se estivesse a se repetir, bater e afundar no sulco ferido do disco. "Mamãe, mamãe não chore, a vida é assim mesmo, eu fui embora..."

– Sei – eu lhe disse. É muito bom. Muito bom mesmo.

É claro que a minha voz e a minha face não expressavam tamanha alegria. Um gelo escorregava pela espinha irreprimível. O que lembro, se me consigo ver, é que as minhas sobrancelhas se contraíam, a testa se enrugava, porque grande era o meu mal-estar. "Mamãe, mamãe, não chore, eu quero é isso mesmo aqui..." Por isso consegui dizer, em uma força intestina, de mola que volta e procura ponto de repouso:

– Mas o que fazer com isso agora?
– Hem?

A minha pergunta, do engenho do desespero, era de fato inesperada. Júlio parou, fez silêncio, uma coisa muito rara. E por isso voltei:

– O que me diz? E depois de pegar as armas?
– Hem? Eu não havia pensado nisso. É interessante.

Então com mais força perguntei:

– O que é que nós fazemos com essas armas? Em primeiro lugar, a festa, eu sei.
– É uma ideia. Podíamos dar uma festa.

E por achar que ele estava sendo irônico, embarquei:

– Isso. A festa das armas!

– É uma boa. A festa das armas...
– A gente pode convocar. Roda os convites no mimeógrafo.
– É. Distribui com os camaradas.
– Isso. Mas como evitar os penetras?
– É... Podia ter uma comissão de frente, na porta. Só entram os conhecidos. É claro.
– Mas olha que isso é uma corrente. O camarada Zé conhece Antonio, que conhece Maurício...
– É, pode ficar companheiro fora.
– Então a senha vai ser o convite que a gente rodar.
– Mas se um camarada cai e a polícia pega o convite?
– Não é a festa das armas? Se um policial entra, a comissão de frente, lá atrás...
– Fogo nele. É claro. É até bom.
– Aí a festa das armas vira a festa da ratoeira.
– Muito bom. A gente se diverte trabalhando.
– Batida de limão, samba e sangue.
– Samba e sangue, é. Mas vai dar tudo certo.

Então eu notei que a brincadeira tinha entrado no perigoso tobogã da verdade. Júlio tinha o corpo eletrizado, parecia. Andava de um lado para o outro do quarto. Eu não sabia, brincar com a revolução é como brincar com o amor. A brincadeira se transforma, vira coisa séria.

– Júlio, escuta. Isso é brincadeira – eu falei, em outro tom.
– O quê?!

"Batmacumba, yê yê, batmacumba, obá", Gil canta no disco.

– Isso é brincadeira.
– Que é isso, rapaz? Você não se envergonha?! Armas não são brincadeira, cara.
– A festa, Júlio. A festa é que é brincadeira.
– A revolução não é brincadeira. Eu não estou reconhecendo você. Que é isso, cara?

Aumentei o volume, porque Júlio começava a gritar. Mas com a elevação do som da vitrola, mais alto ainda ele gritava.

– Tomar no cu, rapaz. Você tá se divertindo, porra? Tem companheiro morrendo e você se divertindo, cacete?

"Miserere-re nobis. Ora, ora pro nobis..." Acho que sorri um sorriso desencantado. Mas ainda assim, como uma recuperação de resto de brio, falei, grave:

– Desculpa, cara. Eu pensei que você ironizava, aí eu entrei no circuito.
– Eu só falo sério! Eu não brinco. Com a revolução eu não brinco. Nem com a minha mulher na cama eu tiro brincadeira com a revolução, entende?

"Disse um campônio à sua amada, minha idolatrada...", descanta Caetano.

– Nem com a mulher na cama, entende?

Hoje, a distância, eu me digo que poderia ter respondido "eu não conheço ainda a sua mulher". Isso se eu estivesse pronto e disposto à briga, a derrubar o som que estrondava, a essa altura, "um poeta desfolha a bandeira, e a manhã tropical se anuncia, resplendente, cadente, fagueira..." Na hora o máximo de forças que consegui reunir para a resposta:

– Essa festa não pode existir, Júlio.

E não comentarei mais uma só linha do diálogo absurdo que travamos.

– É claro que a festa é possível. É possível, sim. Não tenha nem dúvida.

– A festa das armas será a própria ratoeira das armas, Júlio.

– Você é bom em trocadilho. A hora é real, cara. Não é de escrever piadinha pro *Pasquim*.

– Porra, será que não entende que vai atrair toda a repressão?

– Porra digo eu. Você quer lutar sem risco. Quer lutar sem repressão. Sai dos livros, menino.

– E você desça do sonho. Desce daí que tua queda é certa.

– Besteira. Lá vem você com imagem furada. Poetinha de feira...

– Muito, homem prático. Vamos fazer a festa. Onde? O lugar, por favor.

– Podia ser aqui, na sua casa... Não, não, não, a casa de ninguém serve. Pode ser no DA de filosofia.

– Ótimo. Certamente, uma noite de sábado, pra dar mais gente.

– Isso. Começando às seis da noite. Tá bom, não é?

– Ótimo. Os convidados, noturnos, vão ser bem escolhidos?

– Claro. Só vai entrar gente escolhida. Os quadros militantes.

– Muito bom. Somente VIP de esquerda. Os VIPs da guerrilha.

– Mais ou menos. Traduzindo aí: os VIPs são os soldados da revolução.

– Muito bem. Então os escolhidos entram, saem, e o DA que já é queimado...

– Claro. O DA já é queimado. E aí, vamos rezar missa pra recuperar o queimado?

– Não. Só vamos dar uma festa de arromba. Os convidados vêm, saem, e não são seguidos...

– Não seja idiota. Os que vêm também já estão queimados, entende? Então, queimação a mais, queimação a menos...

– Certo. Escute. Aí todo mundo se encontra, toma batida, e começam os informes.

– Isso. Não, não, não, não é bem assim. De modo informal, sem muita bandeira, os pequenos grupos se reúnem e são informados.

– Ao som de Vandré, certo?

– Esqueça a trilha. A bebida rolando, a música no alto, a gente passa os informes.

– Ótimo. A repressão nem vai notar.
– Claro. A porta do DA é de vidro. A repressão tá por ali, pelo jardim, e só vê estudantes enchendo a cara e rindo.
– A repressão não está fora. A repressão estará dentro, Júlio.
– Puta que pariu. Paranoia... Você tá se cagando, rapaz?
– Estou.
– Então te limpa e vamos à luta.
– Eu estou cagado, mas você está louco. Louco, cara! Vá pro hospício sozinho. Comigo, não.
– E se essa festa for uma ordem revolucionária?
– Hem? Eu não cumpro.
– E se a festa vem como uma tarefa? Vai se negar? Eu vou levar pra direção a proposta.
– Leve. Não acredito que vá passar essa porra-louquice.
– Pois eu aposto que vai passar.
– Não acredito. Se passar, todos estão loucos. Todos.
"Mamãe, mamãe não chore", ouvimos.

5

À distância, poderia ser dito que aqueles jovens estavam todos loucos em 1972. Todos, da mais ridícula alienação, da mais feroz angústia até o delírio suicida, em graus variados, todos estavam loucos. Mas isso, antes de ser uma condenação, é um reconhecimento de humanidades. Ou melhor, devo dizer, é o reconhecimento de que eles eram sensibilidades agudas e inteligências sufocadas.

O escrito acima não é epígrafe. É ação, porque
A festa, a festa das armas, a celebração dos fuzis em plena noite do campus, não houve. É claro, não por falta de empenho de Júlio, nem por atenção a meus protestos. Soube e soube-se depois que a grande festa, ao ser proposta à Organização, fora rejeitada por "estrita e fundamental razão de segurança". Isso queria dizer, corrijo, isso quer dizer, pois só a distância esclarece o subliminar: a) que se a festa ocorresse em local inacessível à repressão, a saber, cavernas no alto dos Andes, locas amazônicas, seria permitida; b) que de um ponto de vista político, a razão de ser da festa era bem-vinda. O núcleo da comédia, da tragédia, não era alcançado. A defesa contra a repressão não era um lugar geográfico. Mas o enunciado no item b, ainda que oculto, foi compreendido à maravilha por Júlio, que agia sempre sob o princípio: "O que não é proibido, é permitido". Assim mesmo dessa forma, em dual. E ele agendou então – agendamos, pois fui arrastado – um encontro com Daniel. Para ouvir música. No local mais seguro que poderia haver, na própria casa do afortunado Daniel.

Todos os fatos lógicos, todas as peças se encaixam para dizer que aquele encontro se deu na noite de um sábado. Mas a lembrança que persiste é a de que entrei ali numa manhã de domingo. Isso porque não me sai da cabeça o jasmineiro na entrada da casa, no jardim, tendo a seu pé florzinhas brancas, iluminadas pelo dia. Será que essa lembrança ocorre porque outras vezes passei em frente àquela casa, sem saber que ali morava Soledad? A lembrança de entrar naquela casa sempre me dá como tendo sido de dia, a passar pelo jasmineiro, por seu cheiro, pela tentação e embriaguez de suas flores caídas, como uma coroa invertida, a seu pé. O fato é que ali entramos à noite. Recebidos pelo senhor dono da casa em pessoa. O nosso Rimbaud, em minha pobre percepção.

Agora é ele que avulta. A sua aparição faz noite em meu espírito. As minhas mãos tremem agora, hoje, aqui. Mas é preciso domá-las como se faz a um cavalo selvagem. Por isso digo, contido, por me ausentar destas mãos emotivas.

O homem que nos abre o portão é um vulto não bem bonito. Mas de sua presença vêm um quê e um conjunto atraentes. Sim, devo dizer sem pejo, o homem a que chamam de Daniel é um homem atraente. Esse homem me espicaça um ciúme e um desalento, porque ele deve ter a mulher que deseja. Devo dizer, aquela sobre a qual ele focar sua mira. Ele, Daniel, se curva um pouco para abrir o ferrolho do portão, e esse curvar é como uma saudação gentil, mesura para nós que chegamos, Júlio, Ivan e eu. Sem querer, atendendo ao espírito do seu gesto, também inclino a cabeça, em um impulso mimético, por reflexo.

– Boa noite, boa noite... – repetimos – Tudo bem?

– Sim, vamos entrando, por favor – ele nos responde. E toma a nossa frente.

Com o jasmineiro ao lado, há um estreito e curto caminho a ligar o portão ao terraço. É como uma breve aleia, como uma vida breve, como um anúncio do breve, percebo agora. Daniel – é irreprimível não dizê-lo – anda por esse chão de pétalas como um astro, pelo porte, pela elegância do caminhar. Cabelos negros, lisos, compridos a lhe tocar os ombros. Que *décor*, meu Deus. Sensibilidades eletrizáveis, entramos na sala já meio tontos – pelo jasmim, pelo patchuli, pela noite, pela gravidade desse encontro. Uma mesa de invocação de espíritos não teria mais transcendência e entorpecimento. Há uma luz frágil na sala. Mas nem precisava de luz. Entre almofadas se acha a pessoa de Soledad, e tenho medo de fitá-la, e meus olhos se furtam e a buscam de um modo que não tenho a ventura de reprimir. Eu me sinto um criminoso em desejá-la. Se a gente pudesse fazer o que pensa, nessa noite eu matava Daniel. Sem remorso ou dúvida. E sobre o seu cadáver eu zarparia com essa Sherazade de olhos de urtiga. Mas como posso, como poderia tomá-la apenas com um toque?

Esse Daniel é mesmo um homem fascinante. Pois ao lado de Soledad se acha Pauline Silvana. Quem não a viu, não sabe. Pauline possui aquela beleza admirada por cinéfilos de todo o mundo, educados pelas formas de Hollywood. Para nada dizer, digo que ela guarda a suavidade de Ingrid Bergman em *Casablanca*, mas sem a passividade da personagem no filme. Ela é uma pessoa que interroga com sobrancelhas e fúria. E com um acento de gringa, deve ser dito, se por gringa se entende toda pronúncia que não venha como o nosso português africanizado, mole e voluptuoso nas nasais. Ela é, fora de dúvida, uma jovem nórdica, para os nossos padrões nos trópicos, aqui, nesse Norte de Olinda. Não fosse o ar do oriente, índio, de Soledad, que nos dá vontade de levantá-la num grito – sossegues, minha índia, só a ti pertenço, sossegues, curare, a teu veneno eu me acostumei –, não fosse o riso triste e de promessa de Sol, todos estaríamos servos de Pauline. E servos aqui não é retórico. Pauline, de fato, lembra muito uma princesa europeia a passar entre plebeus. Irmanada aos plebeus, porque com eles quer estar em seus destinos. Mas entre a servidão a ela e a paixão por Soledad não há escolha. Em Pauline reconhece-se uma beleza vizinha ao que se ama. Daniel parece reinar aqui.

Sentado no chão, ele cruza as pernas no que se vulgarizou como pose de ioga. Reina pelo que se cerca, sem que fale eu sou o dono da casa. Reina porque ouve, sugere e escuta. Diria mesmo que ele se põe em um lugar de sombra, como um sultão que observa. E é por esse caminho enganoso, a que somos levados pelo cheiro do patchuli, pelo colorido e estampado com flores nas saias, que primeiro embarcamos. Soledad atravessa a sala e com suave graça curva-se até o lado de Pauline. Ambas sorriem, minto, em seus rostos há uma promessa de sorriso. "Como seria bom se eu pudesse tocá-la", eu me digo. Mas o reino do sultão é outro. E é para esse que Júlio, mais prático, se dirige:

– Você me disse que tinha algo importante para conversar.

Daniel nos olha, volta a Júlio, e pergunta:

– São de confiança?

– Claro, de total confiança. Pode falar.

Ao ouvir "total" retiro os olhos de Soledad.

– Sol, traz uma batidinha pra gente? – ele pede; e para nós: – É de limão, feita por mim.

Soledad volta com uma garrafa e copos. A voz de Gal Costa toca na sala.

Confesso estar enfeitiçado. Se a beleza clara, afirmativa, de uma mulher é invencível para quem se dobra ao calor de seus olhos, Soledad acrescenta um tom irresistível de simpatia que dirige a todos os objetos vivos, andantes ou inanimados, mas que eu, como qualquer homem, interpreto como sendo de interesse em mim, somente para mim. Deve ser algo alucinatório, alguma *ayahuasca* posta na bebida, não sei, mas sinto que ao sorrir ela me pisca um olho com intenção, e eu, como um gato, tenho ímpetos de lhe pular no colo, no seu regaço. Deve ser uma *ayahuasca*. Deve ser essa voz de Gal a cantar "coisa linda nesse mundo é sair por um segundo e te encontrar por aí..." Deve ser o perfume dos jasmins lá fora, que estalam aqui na sala, como se pétalas, pelo cheiro, fizessem ruído. Um homem é esse feixe de nervos, tensos, que clamam uma explosão, quem sabe, uma linha, um grito, um gozo que nem precisa ser na cama, Soledad, alguma coisa que deixe pelo menos tocar-te nas mãos.

Esse cara que fala a Júlio, a nós, deve ser mesmo um bruxo. Eu sei que ele me percebe, eu sei que ele me varre com os olhos amendoados, e por isso me defendo e me vingo, a perseguir essa sua implacável figura. Retiro Soledad e me concentro nele, que fala:

– Agora é a hora, entende? Temos de conectar os quadros treinados em Cuba com a vanguarda do Nordeste. Entende?

Júlio entende, Ivan entende, eu me incomodo. Eu, vanguarda?! Vanguarda de quê, mesmo? Sim, eu sei que sou um jovem, que penso na poesia, que penso em ser poeta, quem sabe, se não de obra, mas de vida, um poeta à beira da estrada cuspindo nos burgueses. Mas a vanguarda a que ele se refere deve ser outra. É direção de luta, são os jovens da futura revolução. Sim, eu poderia ser vanguarda, e olho pelos cantos dos olhos para Soledad, por ela serei vanguarda somente para lhe tocar nos seios, nos lábios, por ela eu serei quem ela quiser que eu seja. Assim penso e por isso me concentro no homem que pode me levar a ser digno dela. Mas por que Soledad não fala?

– Eu não sei se podemos misturar tendências tão diferentes... – Ivan considera.

– A mistura é saudável, companheiro – Daniel retoma – Todos estamos na mesma frente. Basta de desunião. Não é possível continuar dessa maneira.

– Certo. Mas isso não está em nossas vontades – Ivan responde.

– Como não? O mundo se faz com vontade também. Isso está nos filósofos. As coisas seguem assim porque temos sido fracos de vontade.

– A hierarquia entre nós é muito rígida... – Júlio fala – Nada podemos fazer diferente do que a direção manda.

– Entendo. Mas vocês não têm contato com a liderança? Vocês não são touros fora da manada.

Há uma contradição no homem que fala essas verdades. Quem já ouviu um poeta dizer os poemas que antes conhecíamos sem a sua voz física, entenderá o que quero dizer. Que som estranho vem dessa voz fora dos versos, que desconformidade! Passem os olhos no poema, masquem as linhas e se entranhem de "O cão sem plumas", de João Cabral, e depois o escutem a dizer os próprios versos. A voz de João Cabral é feia, frágil, baixa, hesitante, mas o seu poema é belo, alto, forte e viril. Quem possui a experiência dessa comparação, irá perceber o que escrevo agora: quando esse homem a quem chamamos de Daniel fala "todos estamos na mesma frente", "o mundo se faz com vontade", e eu copio isso que ouvi de sua boca, quem me lê há de pensar em uma voz grave, máscula, cheia de paixão. Mas escrever é também dissociar o orgânico para expor organizado, inteiro, o que percebemos com separação de corpos. A saber: o Daniel que fala coisas tão bélicas é um homem de voz macia, de confeitos na língua. Os seus gestos, as suas mãos, que para meu desconforto jamais esquecerei, seguram o cigarro com uma quebra nos pulsos, como se fossem de outras mãos, ou como se não fossem naturais. Os dedos finos, longos, melhor abraçariam o teclado de um piano que um fuzil. Não são mãos de camponês, de operário, de um homem afeito ao trabalho duro. Diria mesmo e até, Daniel deve ter medo de barata. E não digo isso por graça ou infâmia, ou para diminuí-lo ante os que me leem. Tenho a certeza. Daniel se horroriza ao ver o sangue de uma mosca. Causa-lhe asco, repugnância, náusea, pisar e esmagar objetos orgânicos. Se fosse médico, jamais seria cirurgião. Se vivesse no mais convencional crime, jamais seria o pistoleiro, o capanga, o segurança do chefe. Porque ele tem horror a sangue. O seu pesadelo maior seria viver em um centro de hematologia. A sua tortura máxima seria receber um copo de sangue à face. Ele nos lembra os pintores que não gostam de falar do preço dos seus quadros. Transferem o assunto dinheiro, essa coisa suja, horrorosa, repugnante, para terceiros. Pintam os quadros, apenas.

Naquela noite eu não via o que percebo agora. Então ele só me causava uma certa estranheza, a estranheza de ver um proponente de ações de guerra com perfil oposto ao de Aquiles. Mais para um Ulisses, em tradução de teatro de vanguarda. Não diria o teatro de *As criadas* de Genet, porque ele reina sobre minha soberana a quem ordena com gestos de bruxaria:

– Sol, mais batida, filha minha.

E Soledad não fala! Isso me revolta, isso me enche o peito de raiva e angústia, isso me deixa perto de segui-la até a cozinha e tocá-la, sim, tocá-la, apenas. E dizer-lhe:

– Fale, minha santa. Você não nasceu para esse homem. Por mais importância que ele se dê, você é que é a maior e melhor pessoa aqui. Porque você é por destino. *Usted es la deseada.*

Em lugar disso, escuto a canção, que me persegue nesses dias desde 1972: "mamãe, mamãe não chore, eu fui embora..." E Daniel, no açoite vigoroso de palavras:

– Os guerrilheiros treinados em Cuba somam, camarada. Eles se põem à disposição do Brasil.

– Sim, mas onde estão os tais guerrilheiros? Onde? – Júlio pergunta.

A isso Daniel não responde, em palavras. Olha para Soledad e Pauline e sorri. Mais que sorri, pisca-lhes um olho, que é, para nós, os nomes do contato, uma solene e indubitável declaração. "Os guerrilheiros estão aqui, companheiros. E que guerrilheiros, hem? Que me dizem?" Esse homem é um mercador, é um árabe de propostas no deserto, me parece na hora. Mas ele fala de tesouros mais preciosos, porque olha para elas e nos oferece a revolução! Na época, mais me parecia um fatorial de possibilidades a quem deveríamos pôr uma chuva de exclamações. Então Júlio lhe diz:

– Muito bem. Mas concretamente: que propostas devemos levar para a direção?

– Ora, trazemos armas. Temos fuzis soviéticos, pistolas... Nada exigimos em troca. Isso é uma recomendação do Comandante. Em nome da solidariedade dos povos. Os princípios são táticos e estratégicos, agora. Entende?

– Sim, mas estratégicos...

– Um, dois, três Vietnãs, companheiro.

Então Soledad fala. Então Pauline intervém a partir da fala da formosa menina. Digo menina por afeição irresistível. "Mamãe, mamãe, não chore, eu nunca mais vou voltar por aí..." Menina velhinha, corrijo. Ela é melhor, mais velha que eu, que nós, mas ela nestes anos de carência, além de pertencer a um gênero, ao gênero geral das fêmeas, do reino de uma fauna inacessível então, ela é uma pessoa, uma individualidade de pele fresca, de lábios róseos, roxos, uma pessoa de perturbação dos sentidos. Eu não tinha gravador nesses dias, e se tivesse um, jamais o teria usado, porque sua fita seria incriminadora e poderia nos matar, ao fim de cruel sofrimento. Eu não possuía câmera de filmar, e pela mesma razão, se a tivesse, não a usaria. Mas me valho do que sobreviveu àquele 1972. Valho-me do que a memória comanda e ordena.

– Os guerrilheiros formados em Cuba são patriotas de todos os povos. A solidariedade não tem fronteiras. Tem classes. Devemos semear justiça onde justiça não há.

– Como dom Quixote – falo, escapou-me sem que eu tivesse tempo de conter. Daniel abriu um largo sorriso. Sol me olha divertida, sem raiva.

– Sim, companheiro, como dom Quixote. *Pero* só um *poquito*. Nós estamos na contracorrente, companheiro. Isso nos deixa com aparência de quixotescos. Mas somos muitos, muitos Quixotes, em todo o continente.

– E com armas – intervém Pauline. Nossas armas têm pólvora, concreta. O que é muito diferente de um velho Rocinante.

– A nossa teoria – voltou Soledad –, a teoria revolucionária, é uma bomba de efeito maior que a de Hiroshima. Percebes?

Percebo somente agora, 37 anos depois. Me vem mesmo uma necessidade de chorar, que antes eu não tinha. Os crentes, os primeiros cristãos, não teriam mais fé que você, quando falava que a teoria revolucionária era uma bomba maior que a de Hiroshima. Quanta crença no ardor, que certeza louca e invencível na palavra escrita! Então me vem uma necessidade de chorar, que antes eu não tinha. Talvez fôssemos crianças sufocadas cujas lágrimas não rebentavam. O nosso choro então era um soluço. Seco. Era uma dor de passagem, porque logo, logo o futuro estava adiante. A dor era só um intervalo, enquanto a felicidade não vinha. Lembro que ao te escutar, Soledad, os meus olhos marejavam, marejam. Havia uma comunhão de êxtase que só a poesia e os transportes místicos conseguem. Um gozo, um prazer mais alto, um orgasmo sublimado. Por isso que a tua memória, por entre todas as infâmias daquelas horas, e a tua presença nesta noite, na Ladeira do Bonfim, me dizem que sou um homem feliz. Sou feliz e não percebo, sou feliz e disso não tenho consciência, porque me embriago quando declamas, recitas e cantas, segura do efeito do que procuras e prometes:

– A nossa teoria é uma bomba maior que Hiroshima.

Adivinhas o teu látego sobre mim? Furto-me e sumo daqui, como um fantasma 37 anos mais velho. Desapareço.

– Sei, entendo – respondo – A poesia é maior que a fissão nuclear.

Pelos cantos dos olhos noto que Daniel sorri. Diria mesmo, há movimentos em seu diafragma, como se abafasse uma gargalhada.

– Sim, mas eu me refiro à teoria revolucionária, companheiro – Soledad repõe. – Eu me refiro ao pensamento de Marx, entende? Percebe?

Sim, percebo. Chamado à ordem pelo nome do papa, eu, cristão-novo confesso, percebo, entendo e me calo. O que posso dizer do homem cujos livros sacodem o jugo da humilhação? Isso também é poesia, tenho vontade de lhe dizer. Mas me calo, porque não sou um homem livre. Nem mesmo tenho a graça da liberdade mais simples para lhe cantar "Sol, vamos fazer amor no jasmineiro?"

– Voltando ao chão – Daniel fala –, temos tarefas mais práticas.

– Certo – Ivan fala – Não sei como a Organização vai encarar esse lance de armas.

– Você é do Partidão?

– Você é louco? Sou da Ação Popular Marxista-Leninista do Brasil!

– Ah! – os olhos amendoados de Daniel mais se apequenam, como num reflexo de hilaridade – Ah! Vocês não partem para ações armadas?

– Estamos construindo isso. Mas não é um foco, entende?

– Claro. Mas armas não fazem mal, não é, companheiro? Hoje ou amanhã, elas servem. Para atacar ou defender... – e virando-se para mim: – É como poesia.

– Certo – digo e enrubesço. Desconfio que ele quer me humilhar. E por isso, ao sentir o calor, que sei vir do sangue na face, mais ainda enrubesço – Certo – repito. E para minha felicidade não declamo um poema de João Cabral, que sei de cor.

– É preciso armar toda a vanguarda – Daniel volta – É preciso reunir as vanguardas em uma frente mais ampla, entendem?

Isso me incomoda. Isso me incomoda e me deixa em um estado mais tenso.

– A sua proposta – Júlio diz – é o mesmo que misturar azeite e álcool. Acho meio impossível.

– Tá. Você pode ter até razão. Mas nenhum revolucionário rejeita uma oferta do Comandante Fidel, não é?

– Hum, hum...

Ficamos todos engasgados ante esse argumento de autoridade. De tão fascinante autoridade. Faz-se um silêncio.

– É como a poesia – retorno, tentando ser irônico, engraçado. Mas ninguém ri. E por isso, como um ator, como um cantor que busca o seu repertório em obediência à expectativa do público, repito, grave, os versos: – É difícil defender, só com palavras, a vida.

– Difícil, não, companheiro. A palavra não é difícil. É impossível – Daniel corrige.

– Mas isso não é meu, respondo. É de João Cabral de Melo Neto.

– O poeta errou – Daniel me diz.

Então estremeço. Esse homem de fala mansa, que se horroriza diante do sangue de insetos ínfimos, é capaz de grande violência, de qualquer barbárie.

– O poeta errou – ele enfatiza – "É difícil...", como é mesmo?

– "É difícil defender, só com palavras, a vida."

– Pois é. Somente com palavras não é difícil. É impossível.

Olho para Soledad e nela sinto uma indecisão entre as palavras de Daniel e outras palavras. Talvez, quem sabe, se o exemplo não fosse impróprio, ela pudesse invocar a Bíblia, o Alcorão, e por numa balança de dois pratos o peso dessas palavras, de vidas escritas. Mas não. Ela se curva ante a linha férrea mais prática, pragmática, direta e chã. As armas. E por isso o anfitrião, tendo ao lado suas lindas e belas guerreiras, guerrilheiras, por isso o senhor de voz suave e gestos lentos, lentos como os de mãos de jogador de xadrez, de quem na hora apenas percebi os dedos finos e longos de pianista de boate, de noites de farra ao som de Maysa Matarazzo, como se a própria Maysa tocasse com aqueles dedos, onde não seriam estranhas longas unhas cuidadas, longas garras, como as vejo 37 anos mais tarde, então o ilusionista de marionetes dispõe:

– Poesia é como a música. É ótima para o lazer, para o descanso, para a viagem ao céu, certo? Mas não é para o trabalho.

Ele ergue o peito, assim posto como um busto sobre o piso da sala, como um homem-tronco, e pergunta:

– Quando vocês me dão uma resposta? Em quantos dias vocês podem fazer os contatos necessários?

– Em três – Júlio fala.

– Em quatro – Ivan repõe.

– E você? – ele se dirige a mim.

– Eu sou um simpatizante – eu lhe digo, envergonhado. E como achei que respondi muito baixo, repito: – Eu sou um simpatizante.

– Ah! Entendo.

Esse homem é um perseguidor. Ele me persegue, me parece, porque exclama "ah" com movimentos no peito, como se soterrasse riso e gargalhada. De mofa e zombaria. Ah, eu não passo de um simpatizante, eu não passo de um cara sem coragem para ir ao *front*. Eu sou aquele que temeria as mortes e torturas que sofrem os avançados da luta revolucionária. Eu sou um escravo dos nobres fuzileiros do assalto. Eu lhes sirvo na altura de minha limitada, humilhante covardia. Ah!

– Simpatizante de que organização, companheiro? – ele volta.
– Não importa. Eu sou um simpatizante – respondo, com raiva e enrubescido.
– Não deixa de ser simpático – ele diz.

E todos, e o que mais importa, Soledad e Pauline riem. Se eu sobreviver a esses dias, minhas palavras me vingarão desse homem. Eu não me disse assim, mas um sentimento mais primitivo e furioso, anterior a essa frase expressa, cresceu em mim com aqueles risos e sorrisos. Na hora fico a balançar a cabeça, com um risco desenhado nos lábios, enquanto riem da piada do comediante. Agradeço:

– Obrigado, obrigado.

Ao fim dos risos a reunião se desfez em um processo natural de decomposição. O encontro faleceu sem retumbância, em *fade out*, como as luzes que somem em um palco ao fim de uma cena. Acertou-se um próximo encontro, a que eu não compareceria. Para a minha mágoa, decerto, eu estava fora. Não passava de um simpatizante. Digo agora que me feria a perda de ocasiões em que pudesse estar junto ou próximo à pessoa de Soledad. Mas na hora eu me disse que a mágoa obedecia a impulsos revoltados de revolucionário.

6

Não poderei jamais dizer com datas e dados precisos o que aconteceu comigo naquela noite. Posso dizer, com boa certeza, que foi a partir do encontro na Ladeira do Bonfim, quando o generoso Daniel ofertou muitas armas. Quero dizer, e até parece que a expressão me foge, que houve fatos sobre os quais não há como discutir, e neles há mistura de outros, em uma realidade física não acontecida. Mas igualmente reais, assim como os sonhos são reais, assim como as aparições, as almas, os espectros nos quadros de Lula Cardoso Ayres são reais, porque ele assim as fez para nós. Mas não devo ser mau apresentador de circo, trapaceiro, que antecede o espetáculo com palavras de burla. Quero dizer.

Houve um momento, enquanto ouvíamos "Panis et circenses", "as pessoas na sala de jantar", que eu me disse, ao ver o rosto de boas-vindas, a face plástica de Soledad: posso tocá-la. Saber que posso tocá-la me deu ânsia e paz a um só tempo, como se eu fosse um ciclotímico, a subir e a descer o mercúrio por tubos e causas irracionais, imprevisíveis, suicidas até, devo dizer suicidas. Mas não sei se é exato dizer suicida, tamanho é o fogo que reacende em mim, ao voltar à lembrança. Se há um abismo fino, um precipício estreito e fatal entre o sucesso do amante e a sua perdição, e se a certeza da vitória ou derrota jamais se saberá antes do ato, antes do passo adiante, então não devo dizer suicida. Deveria dizer, talvez suicida. Porque eu estive à distância menor que um braço daquela face ardente, e tudo o que meu instinto e alma pediam era: toca, toca o teu destino. Ela pode ser tocada. Os beija-flores, mais educados que os amantes, sabem que podem tocar a intimidade da corola, tocam-na e são felizes. Talvez porque eles saibam o momento e o lugar, enquanto os amantes, febris, não sabem nem uma coisa nem outra. Os amantes, quando entregues à paixão, são fantoches do desejo. Os amantes loucos e febris, com absoluta certeza. (Devia haver algum demônio com cordéis naquela sala de luz tênue.) No entanto os loucos, em sua incerteza e imprudência, por vezes acertam, e tomam e bebem em toda a plenitude a taça, até a borra. Ferozes, felizes e felizardos. Escrevo isso e, ao apertar os olhos, sinto que voltam a se abrir marejados. Isso porque sei que houve um momento em que Soledad se deixou ficar em um canto, à espera de ser tocada. Como uma guerreira que se põe terna e convidativa no cio. Abandonada flor rubra que pede e clama ser beijada. Fecundada no toque.

Então eu a vejo como se na porta aguardasse o toque da transformação, o carinho, o bico do pássaro para absorvê-la e tragá-la entre as suas pétalas. Ela estava ao meu lado, em pose de ioga, mas a recordo – num transporte cuja razão ignoro –, mas eu a lembro em pé, de mãos contra a parede à espera do beijo. Digo em pé, de mãos contra a parede, e essa recordação me dói, por saber dela, meses depois na mesma posição. Por isso minha lembrança evita a dor, e voa para aquele instante da bela paraguaia à distância de meio braço de mim. Os índios sabem por quê. Há um cântico de criança guarani que diz: "*Tẽtã ovy rauy'i / Eikere xevy, eikere devy*", ou "Filha do paraíso azul / Diz, entra para mim". Assim a senti e a vi, embora não soubesse, naquela noite, que ela fosse paraguaia. Nem muito menos que ela cantasse, como soube depois, muito depois, cantos de acalanto guarani. Que coisa estranha é o homem, a pessoa, quanta estranheza reside em nós mesmos. Era como se houvesse uma sirene no ar, sinal de ambulância, de carro de polícia, de anúncio de coisas que virão, mas que não ouvida por todos, apenas se ouvisse em ouvidos de cachorro. Por isso a senti numa trepidação inaudível.

Ocorrem-nos sentimentos muitas vezes sem explicação, sem uma causa clara, se podemos alimentar a esperança de que todas as coisas tenham uma causa. As pessoas do povo têm uma frase que expressa melhor um fato sem explicação: "isso tem lógica?" Se tiver, não é mecânica, nem está no reino do cálculo das probabilidades. Por que desejei falar a Soledad, em uma língua que desconheço, "Filha do paraíso azul, entra para mim"? Eu a queria, é certo. Mas não é certo que a quisesse na pessoa do mundo escuro que eu não sabia. Devo dizer, o natural é que amemos com as informações visíveis e conformes à nossa história. É natural, ainda, que amemos as informações invisíveis aos olhos, mas visíveis, pelo que sentimos, em outros sentidos: na voz que emana, no calor, no cheiro do corpo, nas palavras que se usam, no vocabulário, na sintaxe, no gosto dos ambientes por onde a pessoa transita, transitou, ou transitava. Mas nada então me poderia dizer que eu pudesse amar Soledad como se ama uma mulher paraguaia, como se ama uma mulher que canta cantos guaranis. Nem muito menos com uma intuição do que lhe ocorreria. Numa fábula, em uma narração fabulosa, seria simples. Bastava fazer com que ela dissesse as palavras que não disse. Bastava que ela mostrasse então, naquela noite em Olinda, o que não mostrou, o que não poderia mostrar, em razão de sua segurança. Bastava que ela dissesse: "Eu sou uma mulher que age como as mulheres libertárias de nosso continente". Ou mesmo: "Sou o que serei. Sou o que seria. Sou agora como serei lembrada". E mais, para que ela agisse conforme a minha necessidade: "Vamos, poeta. Quero e desejo o teu ser mais oculto. Toma o meu corpo e alma, toda e total". Então ela seria mais de acordo com o que poderia ser, ou poderia ter sido. Acreditem, então seria mais de acordo com a lógica, porque eu falaria do que teria havido. O reino do "era uma vez" instala sempre a sua própria razão. O que é diferente do falar só fábula do que não houve, do que não pode ser testemunhado, do que não pode ser provado por filme ou gravação escondida naquela sala, em 1972. Mas que é, ainda assim, mais real que o plano da hipótese lógica, verossímil, do era uma vez, do tempo em que os animais e objetos falavam. E não é espiritismo, que dá lógica ao inanimado, quando o anima. Quero dizer, falo agora do que não via antes, melhor, do que eu via sem atingir a conhecida consciência. Isso porque ao escrever não só redescubro, descubro também, por força do cheiro e do instinto da meditação. Estas linhas de agora me fazem ver, com os olhos da reflexão, o sentimento que me ficou, e eu não percebia então.

    Penso agora que há uma substância compreendida só a distância. Como se fosse uma colcha de retalhos, que no presente só se deixa ver no retalhinho, no quadradinho cortado, ou, no máximo, nos pequenos quadrados da vizinhança. Se aqueles quadriláteros de pano fossem o tempo, se eles encarnassem a duração do ato de em paciência serem costurados, então seria visto que só conhecemos a beleza, o conjunto harmônico, entretecido com o sangue e o suor de que somos feitos, quando estamos longe. Descobriríamos que somente a distância do que víamos e julgávamos como o real, o conceito, revela aquele quadrilátero. E dizemos quadrilátero, coitados, porque nem mesmo a visão dos quatro lados tínhamos, nem mesmo dos lados, devo dizer, porque éramos insetinhos minúsculos a resvalar na estreita porção do pano. E nos dizíamos, Soledad é esse pano. Mas o homem é um ser dotado de grandeza, até mesmo no ponto em que se amesquinha. Devo dizer, o inseto, ainda que mantido somente no passado – naquele presente –, tem antenas que capturam além do visto, ainda que, estúpido, perceba só agora o momento. Quero dizer, percebe na consciência, naquilo que ele pensa que sabe, naquilo que ele toma como o real, porque visível de imediato e percebido nas formas exteriores da superfície. Disse "antenas", mas a palavra é imprópria, porque com ela quis dizer "instrumento de captar futuro". Mas o futuro é orgânico, é germe no presente, e semente que um sentido não explicado configura. Um não explicado a que chamam, por ignorância, de "sexto sentido". Uma ignorância que lembra a dos médicos que classificam com nomes gregos os males que a medicina mal descreve. Mas aqui, Soledad, o sexto sentido possuía de ti um senso do qual nem mesmo tu sabias. Não me refiro mais ao canto guarani, que em ti era uma identidade revelada quando olvidavas tuas defesas de segurança. Quando tu acalentavas uma criança, como a lembrar o que ouviste em algum interior paraguaio ou na fronteira. Isso, a percepção disso, porque nada me disseste sobre tais acalantos, já seria um sexto sentido. Mas me refiro a um reino e gosto de antevisão que senti, que "senti", devo dizer, ao ter a tua presença a meu lado, à distância e alcance de meio braço. Como uma prospecção que antevisse o refino. Ou, para ser menos prosaico, como um sonho premonitório. No que um sonho tem de orgânico, frágil, análise entre sombras.

Aqui, bem sei, a memória reescreve o que se foi. Mas aqui mesmo, neste exato instante, a mão treme ao escrever "que se foi". Porque não se pode dizer "ido" ao que ainda embarga a nossa voz. Ainda ontem, em um ato público, ao ser gritado o teu nome, Soledad, a minha voz ao responder "presente" fraquejou, como se fraqueja diante de uma presença que se ama quando anunciada na rua, porque nos dizemos, de um modo que não podemos reprimir, "isso é comigo, estão falando comigo, isso é meu, isso diz respeito a meu coração". É mais que este meu braço, que te pode alcançar nessa noite, se eu o tivesse perdido. Então para não dizer que a memória reescreve o passado, porque não és passado, ou para não dizer que a memória reescreve o que procura, porque não te procuro, pelo contrário, estás presente nesta noite, à posse e distância de meio braço, digo que a memória reescreve. Ponto. Então é claro que neste reescrever, ela, a memória, completa lacunas, ou melhor, recria a vida em lacunas, e, ao voltar, antecipa em 1972 o que sei 37 anos depois. Poderia ser dito, porque sei agora o que houve meses e anos adiante, que eu senti a tua foto nos jornais, que eu senti os versos do poeta Benedetti dedicados a ti, *pero* e no entanto não é isso. O sentido que em mim despertaste, e não devo ter medo de enunciar a sua definição, nem do imenso ridículo em que agora mergulho, somente posso compreendê-lo como um sentido do amor adivinhatório. Eu te possuía pelo que virias a ser. E por isso o meu braço não te alcançava, ainda que estivesses tão próxima.

Por Deus, estás tão próxima. Baixo a cabeça e repito baixinho, "Cordeiro de Deus que tirastes os pecados do mundo, dai-nos a paz", e não recebo a graça. E estás tão próxima, e emanas um calor perfumado que a intervalos, de susto, recuo, porque possuis não magnetismo, mas visco em tua atração. E te percebo pelos cantos dos olhos, e creio que pelos cantos dos teus também me percebes. Não talvez com os meus olhos de agora. Com um sentido de premonição de 37 anos depois dos olhos desta noite.

Os animais, os outros animais, os mamíferos diferentes de nós, diante do nunca visto, do que desconhecem, viram a cabeça, "desprezam", passam a não ver. O imprevisto, o desconhecido, para eles não é um problema. Mas não podemos, os ignorantes superiores, agir como os cães e os macacos. Ainda mesmo que quiséssemos, ainda que desejássemos virar a cabeça, como a minha cadela ao ouvir um miado que sai da boca de um homem. "Se existem homens que miam, ou gatos que rosnam, isso é com eles." No entanto a ti, Soledad, se viro a cabeça, a tua visão desta noite me persegue e me diz: "por que não me alcanças?", que recordo como um problema, "por que não me alcançaste?" Porque os olhos de Daniel são incansáveis e canalhamente vigilantes, eu poderia te dizer. E ficaria tudo mais simples, como um novo virar de cabeça, porque não te responderia à pergunta certa: "como poderias saber o que se tornou fato meses e muitos anos depois?" Então, Soledad Barrett, te respondo como os médicos que não detêm a gênese do mal, mas têm um nome para que assim tudo fique esclarecido. E respondo como e por que soube de ti 37 anos antes. É que eu tive, Sol, o Senso do Amor Adivinhatório.

7

No fim de 1972 começaram a chegar estranhos rumores no grupo. Antes do começo, frases ambíguas, que à maneira de Iago instalavam a dúvida, como se fossem ditas por acaso, como se nada quisessem dizer.

– Ele me parece meio estranho.
– Por quê?
– Por nada... Não sei. Você nunca notou nada?

E ao cabo de muita insistência, falava-se:

– Tem algo estranho. Eu não gosto dele.

E como gostar e não gostar são sentimentos livres, ainda que pouco revolucionários, calava-se, porque todos os camaradas amavam todos os camaradas, porque todos eram camaradas. Ainda assim, em razão da natureza humana, essa natureza indomável aos princípios de dogma, admitia-se:

– Eu não gosto dele. Eu não fui com a sua cara.

Mas isso ainda era uma idiossincrasia, ou, se se avançava o "não gostar", era uma neurose, uma coisa sem fundamento real, concreto, objetivo, que não devia, sob pena de ganhar a fama de divisionista, ser corporificada em frase clara. Então no máximo se resmungava, ou se virava o rosto à menção do nome do indivíduo antipático. Os mais cordatos, conciliadores, completavam, "é um chato". E com isso o mencionado descia meia escala, da antipatia para o enjoo, sem jamais subir para o ódio. Até o dia em que, uma semana antes do 25 de dezembro de 1972, Júlio entrou perturbado em minha casa. Perturbado, agitado e precipitado, como sempre havia sido.

– Tenho um problema pra falar contigo.

Problemas não nos faltavam, mesmo 37 anos depois continuam com a sua livre dádiva, mas àquela época as árvores do inferno eram mais férteis. Eu me levantei da sala e lhe fiz um sinal para vir a meu quarto. Era um meio de fugir à vigilância cerrada de minha mãe, que, eu sabia, punha-se pelos cantos a nos seguir com seus ouvidos detectores. Entramos no quarto, fechei a porta e liguei o som. Alto.

– Pode falar – externei, em competição com a vitrola.

– Baixe mais, senão eu vou ter que gritar.

– Tem que ser assim. Fale mais perto, aqui.

– É um problema sério. Muito sério, rapaz.

Olhou para os lados por simples tique, porque só nos restavam paredes, com uma foto de Lorca. E quase gritou:

– Escute. Houve umas quedas. – E desandou a falar como em jatos de vômito: – Houve três quedas. Todas de pessoas que tiveram ponto comigo. Todas. O que se sabe agora é que todos os três estão mortos. Caíram pouco tempo depois do ponto comigo. E agora tem outro, que faltou a um ponto. Eu me encontrei com eles e depois eles sumiram. O que é que acontece? Estão desconfiando de mim. Porra, não pode haver tanta coincidência. Eu me encontro com eles e os camaradas caem. Porra, estão pensando que eu sou policial, entende? Eu, policial, você está me entendendo?!

– E você é?

– Tomar no cu! Vá tomar no cu!

– Calma. É só uma pergunta.

– Aqui! – gritou, dedo em riste, como uma faca.

– Preste atenção. Você tem certeza de que fez o ponto e caíram logo depois?

– Claro.

– Mas como se explica? Você deve estar sendo seguido.

– Não pode. Eu tomo todas as precauções. Eu nunca sigo reto. Tomo caminhos sem nexo pra chegar no ponto. Pego ônibus, desço, pego táxi. Entro em uma clínica por uma porta e saio por trás.

– E como se explica?

– Não sei.

– Além de você, quem sabia desses pontos?

– Eu e o camarada do encontro, claro... Bom, mas só mais uma pessoa. Ele tem que saber, porque ele é quem banca a despesa.

– Quem?

– Daniel.

– Então é ele.

– Não pode. Não pode ser ele. Absurdo!
– Por que não pode? Se não for ele, é você.
– Presta atenção, caralho. Ele é importante.
– Quem? Daniel?
– Sim. Eu sei. Ele já abriu pra mim a importância do trabalho dele.
– É ele.
– Não pode, cara. Não pode. Ele é treinado em Cuba.
– Se não for ele, é você. Escolha.

Então Júlio sentou-se e ficou olhando muito duro para mim. Era claro que ele me olhava, mas não me via. Ele ficou mudo e com os olhos fixos, sem piscar. Não eram olhos frios e hipnóticos de animal empalhado. Apesar do silêncio sem gestos, ele não estava plácido. Apesar de não se mover da cadeira, do seu encosto, apesar de não mexer os pés, ele não estava imóvel. O maxilar fechado se convulsionava, como um novo coração na face. Eu não sei como ele pensava, se do significado de pensamento retiramos todo movimento harmônico, melodioso, musical. Eu não sei como ele assaltava o objeto de sua atenção íntima. Não sei como ele pegava sua tensão monotemática. Mas sei em quê ele pensava. É claro que era "Daniel". É claro que chocava a descoberta de que "Daniel" era o responsável pelas mortes que ele, Júlio, indicara. Sem saber disso, mas indicara. Antes do ódio e da indignação, eu soube por sua conclusão, ao fim do silêncio, que Júlio, o duro Júlio, o revolucionário sistemático Júlio, estava com medo. Medo, puro medo, muito medo. O medo que vinha da certeza do próprio fim, imediato, não bem como um condenado que sabe o dia e a hora de sua execução, e para isso se acostuma e, queira ou não, para isso se acostuma até o ponto em que faz da morte uma passagem, para um consolador e esperançoso espaço. Não era esse o seu medo. Júlio estava com o medo grande, que vem de uma certeza súbita. Daquele medo que vem da traição, de uma sentença descoberta um minuto antes do seu cumprimento. Sentença que não admite recurso, defesa, atenuante ou apelação.

– Eu sou o próximo – ele me disse.

8

Daniel, aliás, Jadiel, aliás, Jonas, aliás, Jônatas, aliás, Cabo Anselmo.
Em dados francos e objetivos, Daniel, ou Anselmo, era um homem vulgar. (Sinto agora o seu cheiro vulgar, acrescido de cigarro, suor e desodorante em mistura.) Se abstrairmos os crimes a que deu origem, se obscurecermos a humanidade a quem deu a morte, Anselmo era como um vigarista comum, um aplicador de truques velhos, transmitidos por gerações de trapaceiros. Escrevo isso e sei que cometo paradoxos. O primeiro deles é separar o homem do que ele fez. O segundo é reconhecer o valor, em termos de importância dos danos, dos crimes que cometeu. Mas o paradoxo se desvanece quando atentamos para o conhecimento de que Anselmo agiu a favor da corrente de uma ditadura, esteve na força da repressão quando o conheci. Ele entrou frio ao lado dos vencedores em batalhas ganhas. Sempre com disfarces de camaleão, com álibis, para a sobrevivência, se o vencedor em algum momento falhasse. Com dispositivos de trapaça, sempre. Naqueles idos de 1972, ele ainda não usava óculos escuros, nem um boné invertido à maneira jovem. A calvície que esconde em 2009 era coberta, em 1972, por cabelos negros e longos à moda Beatles, ou hippie, como gostava de se vestir em uma terceira pele. Cabeleira de fios escuros de sangue, noto agora. Como um cílio que perturba à frente dos meus olhos, percebo o quanto é difícil falar dele sem que a imagem de hoje não interfira, a me soprar aos ouvidos, "não diga como se fosse ontem o que não era possível ontem dizer". Tentarei. Com esforço, paciência e memória, entremos em nossa própria pele em 1972.

O homem que conversa conosco no pátio de São Pedro, depois do filme de Buñuel, deve possuir 1,75 metros. Mas deve gostar de ser um indivíduo bem mais alto. Ser alto para ser homem, assim e nessa ordem. Isso percebo – e desisto de vê-lo somente com olhos de

1972, porque sempre o verei com as informações de 2008 –, isso noto porque ele tem um porte de artista hollywoodiano, de medíocres filmes de mocinho e bandido na infância. Um gringo caboclo que não se vê como caboclo, mas tão só gringo. A sua elevação não se dá apenas na espinha, no esqueleto tenso e esticado para ser exibido em cada precioso centímetro. Em saltos altos também ele ganha altura, saltos que destoam de suas camisas e calças de figurino hippie. Embutido o salto nos calçados, embutido o salto que virá, como perceberemos depois. Já dissemos antes, e retornamos à reflexão: se ele fosse uma caricatura, seria o Homem da Meia-Noite do Carnaval de Olinda, não bem como o boneco, mas como uma imitação do boneco a se exibir em palcos e *happenings* de frevo. Mas ele é real, a sua máscara e maquiagem são reais, ele não fala de frevo, de Carnaval e folia, pelo contrário, nada lhe trai uma agitação ou rufar de tambores ou toque de clarins, nenhuma explosão retumbante. Não, pela fala mansa e macia, se ele explode, explode como silencioso rastilho de dinamite que cruza nossos caminhos. A pequena distância os seus verdadeiros e ocultos companheiros têm o detonador. Mas por que somos estúpidos a ponto de não percebermos a sua máscara?

Uma primeira explicação é que Anselmo não era sempre Anselmo. Ele era Jonas, Jônatas, Jadiel, Daniel... Devo dizer, em nome da verdade, Anselmo era sempre outro. Isso foi uma construção sistemática em muitos anos. Em 1972, entre militantes clandestinos, já eram conhecidas as suspeitas do trabalho duplo do ente que se chamava Cabo Anselmo. O problema é que, para a esquerda no Recife, Daniel ainda não era Anselmo. Daniel, até começo de dezembro, não era sequer espião, ou responsável por sucessivas quedas e assassinatos. Um dedo que apontava execuções, melhor dizendo. Até então, ele era algo entre sombras, entre névoas e nuvens, que não falava muito de si, e todos compreendiam tal discrição, porque eram tempos de se saber o mínimo, por razões de segurança. Ele apenas insinuava, deixava inconclusas pistas de que em Cuba havia sido pessoa de confiança de Fidel Castro. Alguma dúvida? Antes disso, apenas admiração pela coragem do herói, isso, herói, que todos sonhavam ser. Daí que de um herói – estamos todos suspensos pela emoção e longe de qualquer análise – não se exige profundidade teórica, ilustração marxista, filosofia cerebral. Porque heróis agem. Enquanto os intelectuais, esses frouxos, na hora da ação se cagam. Ora, esse tipo de suspensão, esse erro e preconceito cobraram o seu preço, em dor e covardia.

Como pudemos ter sido incapazes de lhe tirar a máscara antes dos seus crimes? Essa pergunta dói até hoje. Não só pelo mal físico e mortal que causou. Dói mais, por uma incapacidade que tivemos em desmascará-lo antes, bem antes. Agora é fácil vê-lo como o homem que copia a esquerda pelo clichê, pela caricatura. Agora é fácil notar que ele anuncia e enuncia características exteriores, pois se veste com roupas, hábitos socialistas, e por isso é tomado como um dos monges. Que ele faz declarações agradáveis aos ouvidos de qualquer combatente apaixonado, a jovens cheios de ardor revolucionário, principalmente. Que ele repete saudações subversivas com riso íntimo e cara de paixão. E por isso todos o tomam como um revolucionário. Digo que agora é "fácil", assim mesmo, entre aspas, porque agora a ele retornamos com o conhecimento deste ano da graça de 2009. Mas se lhe associamos as mortes que gerou, e com isso nos aproximamos mais de sua pessoa, fica insuportável, difícil e machuca muito a gente, de um modo torturante. Ainda ontem interrompi estas linhas por ter sido assaltado por forte dor de cabeça. E me dei motivos outros, explicativos, diagnósticos razoáveis para a minha dor. Que eu não teria dormido bem, que estava ansioso para o que viria de uma correspondência, que eu precisava caminhar e de oxigênio. Só agora percebo a razão, mais palpável que o palpável: é que me perseguem os seus mortos de um modo que a ele não perseguem. Essa não perseguição a ele me dói como uma revolta e um desnorteamento. Mas o método de exposição – das palavras que aparecem nestas linhas – não pode nem deve ser espelho do sentimento, como se fosse uma escrita automática, sem mediação e sem filtro. Por isso terei mão de ferro para vê-lo por enquanto sem os seus cadáveres, ainda que os mortos sobrevoem e pairem sobre mim. Portanto, ao delator. Dizendo melhor, ao risonho e precioso espião.

Na hora, o Daniel que nos abre o portão de sua casa, na Ladeira do Bonfim, é um estrangeiro bem-vindo. Os que nos leem talvez compreendam melhor a nossa virgindade de percepção, que suspende toda e qualquer desconfiança, se compreenderem a suspensão da plateia ante um espetáculo. Quero dizer, um espectador quando entra em um teatro ou quando se encontra diante de um filme, apenas nos primeiros minutos percebe com a lógica e a percepção o real à sua frente: um palco de madeira, cenários pintados, cortinas que se abrem, ou um retângulo exterior onde correm imagens que nada têm a ver com a cadeira onde está sentado, com a luz e com as pessoas em torno. Mas há, depois de instantes, uma queda da resistência ao drama representado, que guarda, aqui e ali, contatos com os seres distraídos em uma hipnose. Então o representado deixa o campo da representação para ser o real, o novo real, que nos arrasta e transporta para o reino do palco ou da tela. Esse fenômeno, que bem compreendemos quando aplicado ao mundo do espetáculo, do teatro, precisa ser recuperado para explicar o porquê de infiltrações terem sucesso em organizações políticas. A tônica vista até aqui – e o cinema e sua simplificação muito contribuíram para isso – é a do espião dotado de superpoderes e de alta inteligência. O bom espião, dizem o cinema e a lenda, precisa ser um gênio dotado de espantosa memória, sangue-frio, cultura etc. etc. e superetc. Na verdade, como bom mentiroso – isso é inegável, ele possui a qualidade dos bons mentirosos – o espião precisa de uma boa memória. Montaigne com seu brilho já chamou a atenção para o fato de que a qualidade fundamental dos mentirosos não é a imaginação, é a memória. Eles, os espiões, mais que ninguém precisam não entrar em contradição com o que disseram antes. Ora, se afirmam que em determinado dia estiveram em Cuba, em outra oportunidade, ainda que distante da primeira afirmação, não devem contar que estiveram no mesmo período no México. Um deslize assim pode significar a diferença entre a vida e a morte. Daí que construam uma disciplina para representar a pessoa que eles próprios dizem ser.

Por isso compreendo que não há nem pode haver um espião melhor que um renegado. Ele, o renegado, o espião – e a honestidade me obriga a dizer essa desagradável e dura frase – tem pontos de contato com o escritor. Porque a sua mentira se nutre da verdade. Digo melhor, corrijo, e me recupero do espinho: ele faz o caminho inverso do escritor, porque a sua é uma mentira que se nutre da verdade, enquanto o escritor serve à verdade, sempre, ainda que minta. A verossimilhança do espião é uma mentira sistemática que parte do real. A do escritor é verdade sistemática em forma de mentira, em forma de verdade, ou de reino híbrido. O renegado tem a seu favor uma história, com a qual abastece aqui e ali ouvidos conforme a sua conveniência, além do conhecimento das vítimas que pretende agarrar. Sabe o que eles falam, o tom e a ocasião em que falam. Ele fala como a sua caça. Tem as suas características, caricaturas e clichês.

O indivíduo Daniel, que nos abre o portão de sua casa em uma noite, é alto, mas se curva de um modo cerimonioso – isso me parece então –, que percebo neste 2009 com acentos femininos, à maneira de uma fêmea que insinua os seios. Ao nos conduzir à sala, ao passar à nossa frente pelo jardim, percebo agora a distância, tem curva de pavão que abre a cauda. Percebo isso com as informações posteriores a esta noite, ou isso é mais propriamente uma visão de preconceito? Difícil é separar o isso eu não sabia do isso eu sei hoje, difícil é filtrar o que a vista desarmada viu do que a vista armada de valores vê. Sei que ele passa à nossa frente com um perfume patchuli, que era um hábito de uso entre hippies e amantes da *cannabis*. Mas eu não sei ainda desse costume e apenas estranho que um homem assim esteja tão perfumado. "Costumes de outras terras", me digo. Ele nos apresenta as duas mulheres de modo rápido e profissional, segundo os dois amigos que me acompanham. Para mim, ele as apresenta como uma prova de sua superioridade. "Ele tem Sol, ele está com a luz", eu me digo, e na hora me sobe um súbito gosto amargo como fel e bílis que se expulsam num vômito. Por isso me concentro nele, para fugir do fascínio de Soledad, e também por raiva. "Ele é o escolhido", me digo. E por isso me detenho nele como um pretendente pesquisa defeitos dos rivais. A primeira coisa que noto são os olhinhos rasgados, comuns a tantos mestiços de índio no Brasil. Isso, que seria um convite à paz e à bem-aventurança, nele tem um conteúdo perverso, porque os seus olhos amendoados não param, perscrutam tudo, acima, abaixo, para os lados e adiante. Sentado no chão, em pose de ioga, enquanto nos ouve mostra atenta audição, ao mesmo tempo que comenta à parte, se me expresso bem.

Noto mistura do sujeito que não perde nada com um ar que não se harmoniza com o que ouve. Quando dizemos "a revolução no Brasil não se fará sem sangue", ele nem pisca, capta e guarda. Mas o ar do seu rosto não é coerente com a frase ouvida. Ele sorri. Melhor, abre os lábios num esgar, e contradiz o desprezo na face com o balançar do queixo, assentido com vigor, e esse movimento contínuo de cima para baixo é o que mais se apresenta, para outros que não o estudam como numa perseguição. Ele guardará, nessa noite e adiante, o ar de quem se encontra em dois lugares, aqui e além. Ele é duas partes. Fala, ouve, escuta, mas seu rosto – os seus olhos – não acompanham o conteúdo do que fala e diz. A sua voz lembra que do reino dos animais ele nunca terá o rugido que assusta. Ele antes cicia, sussurra, como o passar pela grama de um camaleão. Réptil ágil, furtivo, de camuflagem instintiva. Falo assim de memória, do que o sentimento de amante de sua mulher viu. ("Sua mulher" digo sem ironia, apenas para escrever o que era patente para nós então.) Mas se eu tivesse um caderno para a memória, se eu soubesse em 1972 o que escreveria neste ano que ora corre, teria anotado: 1. Ele fala calmo, pausado. 2. Faz declarações inflamadas, radicais. 3. É atraente e frágil ao mesmo tempo. 4. Insinua que está numa hierarquia alta, que é muito importante na revolução. 5. Olha para um lado, mas suas mãos tomam direção divergente do olhar. Mas isso, claro, seriam anotações como as que fazemos ao acordar de um sonho, para não esquecê-lo. São linhas telegráficas que têm um sentido oculto para outros, são linhas que possuem uma chave íntima apenas para nós. São costuras de bolsas que se abrem para nós mesmos. Cabe abri-las, costura por costura.

 Ele fala devagar e com pausas como se falasse momentos autônomos, do pensamento que não para. O fluxo permanece escondido. Isso quer dizer também que tendemos a reputar alguém de fala calma quando ele fala baixo, sem barulho ou estridência. É o caso, porque em outras oportunidades ele se põe a falar veloz, ao achar uma senda para a qual tem marcações sabidas, conhecidas, esmiuçadas, de cor e *décor* como num papel de teatro. Então ele falará sem pausas de pontos, sem parágrafos, muitas vezes até sem vírgulas. Entendam, não escrevo isso para brilhar com gracinhas. Quem já transcreveu ou copiou entrevistas, quem se acostumou à leitura em voz alta, sabe que as falas, todas as falas têm pontuação, ênfases, modulações, até melodias. É certo, nem sempre a escrita reproduz a cor, o brilho ou as sombras da fala. Mas a escrita guarda a vantagem de narrar e esclarecer pela reflexão, que não é espelhar, especular.

 Escrevo isso e o vejo, e sei que a sua fala – vocabulário, entonação e ênfase – varia conforme o cenário. Assim afirmo porque pude revê-lo em 2007 na televisão, bem distante do hippie despojado de 1972. No ano retrasado eu o vi de terno, bem posto e engomado, com um andar cadenciado de malandro. Digo que ele se assemelhava ao andar malandro, rítmico de um músico, mas apenas no que assemelha a preocupação de se saber observado, de se exibir como um astro na multidão. Chega a ser vulgar, medíocre, tal preocupação, mas ainda sobre isso devo continuar. O parentesco entre os Anselmos separados por mais de trinta anos se dá porque ambas pessoas se mostram fantasiadas, oferecidas a uma cumplicidade ébria do espectador. No primeiro, de antes, ele se mostrava em roupas hippies e nos fazia crer que tais figurações se davam para enganar a repressão. Apresentava-se a nosso convívio como dois, mas o terceiro real se guardava, defendido pelos dois da representação. Desta vez, em 2007, ele é para o grande público – diferente de nós, os "sabidos" – um executivo criador, terno e boné, como se fosse, quem sabe, um cineasta de filme *blockbuster*. Por trás, ele é o ex-infiltrado, sob perseguição, maltratado que teria sido para delatar companheiros. "Sofri pau de arara, muita violência, levei choque elétrico" etc. etc. Uma vítima dos tempos de chumbo, ele quer passar essa imagem, com a cumplicidade de quem atravessa o imediato do seu paletó e gravata. O terceiro, no entanto, o terceiro a serviço da política no poder em 1972, ele preserva, oculto e defendido.

Isso se traduz também, entre os personagens de 1972 e 2007, em adequações de palavras e termos de ênfase. Nessa última aparição, em uma entrevista, ele responde a perguntas incômodas, feitas pelo repórter de forma simpática e branda. Ele continua, como antes, a falar baixo, mas dessa vez dá intervalos entre as palavras de uma mesma frase. Uma, por exemplo, "Eu fui torturado..." sai como umas "Eu... fui... torturado", e a ênfase se dá no "Eu" e no "torturado". O verbo de ligação entre os momentos da frase é uma farsa, os que notamos a sua terceira pessoa sabemos, por isso o "fui" quase some. Se alguém chega de repente para ver a entrevista, e não sabe de quem se trata, dirá que ele está bêbado, porque as palavras saem descontínuas, aos tropeços, como se pronunciadas por língua grossa, pesada. Quanto as aparências enganam! Logo ele, que possui uma língua fluente em mais de um idioma. Ele, tão esclarecedor em análises para a repressão, tão pródigo e previdente em anunciar nomes e destinos. Agora, na entrevista, o próprio interior das palavras é dividido em sílabas, a lembrar o gago e sua aflição, quando lutam e lutam até que o som último se faça ouvir. Continua a falar manso, mas agora a mansidão parece vir mastigada, saboreada em uma boca de velha que tem uma prótese frouxa. Agora, os óculos escuros no rosto não deixam ver os seus olhos de 1972. Quase diríamos, se nos apegássemos às aparências, este Anselmo que se apresenta é outro. Agora, vacilante, tímido, inofensivo. As aparências, como maquiagens, querem nos dizer que são duas pessoas, mas os que o vimos antes não esquecemos o jovem resoluto, vigoroso, de queixo erguido, de 1972.

Ele faz, nesta noite na Ladeira do Bonfim, declarações radicais, inflamadas. Nem percebemos o voluntarismo delas, nem notamos o seu quebradiço de verossimilhança, porque atribuímos o que ele fala à coragem. À sua coragem. Que militante corajoso, os meus dois amigos se dizem, e eu, muito em segredo, a ninguém digo, nem mesmo à minha consciência de mim para mim: "Se eu fosse como ele, eu teria Soledad". Sinto e não permito que tal coisa se explicite ao pensamento. Ele está sentado no chão, com as pernas cruzadas, e fala como um oráculo. De onde retira esse homem tamanha segurança?, me pergunto, e volto a perguntar em 2009, mas com acentos e significados diferentes. Agora, na Ladeira do Bonfim, ele é um semideus de cabelos repartidos ao meio, lisos e negros, bigodes finos, caídos a contornar os lábios. Tenho por esse homem, esse personagem com que ele se veste, sentimentos contraditórios. Ainda que o admire, devo dizer, ainda que por ele me sinta obrigado a ter admiração, porque ele é um bravo, ainda assim não devo encará-lo, apenas entrevê-lo por momentos. O que eu sinto por ele, de fato, é medo. Ele me dá calafrios como o bandido que nos assalta com um revólver apontado para a nossa têmpora e nos grita: "não olhe para mim". E descobrirei, ou pressentirei ao longo desta noite, o medo é recíproco, porque ele também evita ser olhado mais a fundo, em detalhes. Dir-se-ia que ele, amante da fotografia, odeia ser fotografado, o que vale dizer, ele que nos perscruta de modo incansável, que nos varre em pormenores e reações, ele, esses olhos, essas lentes, não quer ser fotografado e lembrado como agora se apresenta. Gato e rato somos. Assim como o policial fareja o bandido na multidão, assim como o bandido fareja o policial entre muitas pessoas, há um sentido entre nós que nos faz antípodas. Um sentido que para mim é oculto, mas para ele não. Ele sabe de mim o que penso e o que sou, mas dele apenas sei que é Daniel, um cara que esteve em Cuba, que treinou em Cuba, que insinua ser íntimo de Fidel. Uma insinuação falsa, que guarda da insinuação apenas a forma exterior, para valorizar a informação, quando põe reticências ou conecta falsos elos em meio à conversa, "O Comandante já me disse...", e suspende a frase, e com um riso fala a Soledad que precisa de uma dose de rum, e lamenta não ter um *mojito*. Ele, o guerreiro modesto, o soldado de muitos países, não quer chamar atenção, como um farsante ou como um escroque entremostra do baralho a carta que deseja ser percebida. E nós em sua pista seguimos, e nele e na sua carta apostamos.

Soledad, o que venho saber 35 anos depois, ela, sim, combatente de muitos países em mais de um continente, aqui faz um papel de coadjuvante, bela, radiante e mais ainda modesta. Está grávida, embaraçada, e eu, tão estúpido sou, não sei, não noto, ou não quero ver, talvez, o ventre que ela adorna com blusas folgadas, e suas coxas róseas, róseas e rubras como as guardarei na lembrança. Por que somos tão limitados? Por que não temos o dom de antever a grandeza, por que somos condenados a prever a pessoa de ontem muitos anos depois? Sinto agora com outro significado, um preciso e claro significado, o cheiro de sua pele naquela noite, o perfume que apenas entontecia, embriagava. Só agora! Eu me dizia então que para um homem havia duas oportunidades de ter uma mulher. Na primeira, você a agarra. Na segunda, você a lamenta ou goza. Como as coisas, em nossa imaturidade e tempo, eram muito ambivalentes, opostas absolutas sem gradação, ou isso ou aquilo, eu não via um acercamento, uma aproximação por sinais, despercebidos então. Eu não notava – para minha desgraça os meus sentidos e experiência não me habilitavam – o perfume, o cheiro da fêmea, o cheiro de Sol, da mulher que espera ser amada, e que só agora eu sinto. Agora, que os sentidos e experiência me habitam, ela não se encontra, porque entrou na voragem da noite. Por isso eu a busco na Ladeira do Bonfim, enquanto sou arrastado pelo som da sala naquele encontro. Não sei por que, mas a luz não incidia direto sobre nós, diria ser uma lâmpada incandescente em um abajur, o que dava atmosfera de ambiente iluminado a velas. Ali não havia mesa ou cadeiras, apenas almofadas, em duas das quais Soledad e Pauline estão sentadas. Daniel, o então Daniel, mais frugal e espartano, em harmonia com a fala do guerrilheiro treinado, prefere o chão, áspero e duro chão. Ele, de novo. Daniel rompe e se antepõe à busca de Soledad. Naquela hora do encontro, por ser o "dono" do espaço, dela e de todas as coisas que nos circundam, e agora, quando não passa de ser Anselmo, o farsante, que levou paixões para a morte. No entanto, ao falar nele, vejo Soledad, não a Sol daquela noite, porque ele se põe entre mim e ela, mas a Sol de anos depois, mergulhada na voragem. Por isso, é e será de método falar dele naquela noite, até como uma forma de superá-lo, "matá-lo", para assim alcançar Soledad.

Ele, Daniel, é atraente e frágil ao mesmo tempo. Eu me refiro aqui a Daniel como um personagem, como deve ser referido um personagem do palco. O ser que nos recebeu no portão, que se curvou para abrir o ferrolho do portão, como se nos fizesse mesura, deveria dizer, com gestos de educação oriental, com mel nos lábios e flores de jasmim no caminho que levava à sala, que perfumado e de roupas largas poderia rivalizar com Soledad e Pauline, se elas fossem outras, atrai pela corte sistemática que faz a nossos egos e esperança. Para uma mulher, ele seria o indivíduo educado, gentil, a lhe falar coisas que ela gostaria de ouvir. Para um homem, ele é o indivíduo educado, gentil, a lhe falar coisas que ele gosta de ouvir. Onde, portanto, a diferença? A solução do problema é que ele traduz essas qualidades gerais para diferentes situações. Para os homens, a sua educação e gentileza consistem em levá-los a crer que são grandes, valorosos, heroicos. Com a condição de que, ao lhes acenar com tais qualidades, não haja mulheres a lhe fazer concorrência no fascínio. Para as mulheres, ele as fitará com olhos risonhos, com toda e concentrada atenção no que elas dizem, guardando em si mesmo os maiores insultos e contestações, enquanto as faz acreditar que são únicas, belas, valorosas, heroicas. Para ser mais claro, ele, com elas, é o confidente. Ele, com eles, é o homem que lhes ergue as qualidades viris, ainda que vulgares e mesquinhas. Pouco importa. Para todos falará o que precisam e apreciam ouvir. O ser frágil consiste exatamente nessas qualidades. À pétala de uma flor ninguém pede o vigor da pata do leão. Aliás, à pétala nada se pede. Aceita-se o que ela é, o perfume que exala ao ser tocada, como alecrim. Ao pensar nele, penso na fragilidade das folhas que parecem cair à sua passagem no jardim, embora não adivinhe que esse passar é o movimento do camaleão na relva. Pormenor infernal, ele nos recebe com os pés descalços, pálidos e cuidados. Esses pés e esse andar lembram na gente os impulsos dirigidos às felinas que passam ante nós como se nos chamassem com um dedinho, "sigam-me". E não sabemos se ao seguir as fêmeas, indecisos em tocá-las pelos adoráveis pés ou pela cintura que levantam no suave pisar, nos aproximamos furtivos para um sussurro: "dite, ordene, sentencie o lugar onde nos encontraremos". Deus é bom, nos diremos milhões de segundos depois, covardes em não obedecer ao convite, Deus é bom em nos ter evitado a queda nesse precipício. Mas sabemos, chocarreiros, pecadores cínicos, que estivemos próximos, tão próximos, que não estamos certos se, em um próximo convite, agradeceremos a Deus a sobrevivência ao abismo. Porque teremos caído em glória.

Ainda que as vestes, os cabelos, os bigodes, o porte, a maquiagem e caracterização em resumo ocupem um lugar importante, indispensável para a composição e segurança do tipo, do personagem a que somos levados a chamar de Daniel, as palavras que o agente da peça nos diz é que detêm o maior fascínio. É como se, se nos perdoam a heresia e o insulto, é como se um ator recitasse João Cabral. Como se recitasse um poema de João Cabral apenas falando, conversando, anunciando. Bem sei a distorção e o tamanho da ofensa estética, ética, ao enunciar tal comparação. Mas serei compreendido se souberem que para os nossos ouvidos e ânimo de 1972, a revolução era pura música, as bandeiras e consignas da revolução eram realizada poesia. Como diríamos, se voltássemos a falar como à época, as nossas condições subjetivas não atingiam a feliz objetividade. O ser que nos fala agora as frases: "A situação no mundo todo é revolucionária. É um paiol, companheiros. Basta uma faísca. Um grupo de guerrilheiros decididos, com fogo, pode levar a explodir a casa de pólvora. Em Cuba foi assim. Fidel e Che mostraram que o pequeno-burguês é revolucionário". Ora. A situação no mundo todo, para nosso próprio peito, era uma montagem dos momentos de que precisávamos. Cuba, a pequena ilha de exemplo para a humanidade, o Vietnã, de guerrilheiros que derrotavam a maior força militar do planeta, as ações relâmpago de assalto e fuga com sucesso. Como bom vendedor, como bom vigarista, ele nos oferecia o que desejávamos. Bastava querer, abraçar as armas e o sonho. Com o fuzil cometeríamos nossos poemas, senão com o belo pensamento de "a cidade é passada pelo rio / como uma rua / é passada por um cachorro", mas com o vigor imediato de "o terreiro lá de casa / não se varre com vassoura / varre com ponta de sabre / bala de metralhadora". Ou mais precisamente com os versos "Um / dois / três Vietnãs", e mais "pão, guerra e liberdade", no qual a palavra guerra, ardilosa, substituía a palavra-mãe, terra. Esse demiurgo, vale dizer, esse poeta que nos fala na sala em 1972, longe está do Anselmo que afirma 35 anos depois: "Acho um suicídio aquelas pessoas terem lutado no Brasil, sabendo que os grupos armados estavam caindo e morrendo. E ainda querendo dar uma de galo". E a distância entre o poético e o tétrico, entre o verso e o inverso, não se dá pela mudança e transformação do personagem no tempo. O mesmo que nos dizia em 1972, "somente a devoção a uma causa e a firmeza de luta, a coragem, o arriscar tudo pelo socialismo é que podem fazer uma revolução vitoriosa", era o mesmo que fazia contatos com militantes, que eram seguidos até os outros contatos da rede clandestina, para que a repressão fizesse um mapeamento de pessoas, nomes, fotos, perfis, intimidades. Já então o poético e o apoético, o verso e o reverso, a prosa e o prosaísmo, a palavra e o palavrão estavam na mesma pessoa.

Não sabíamos, é claro. Aquele saber de experiência feita ainda não tínhamos. Faltava-nos o conhecimento de que entre o sublime e o terreno, entre alma e porco, se houver um embate, triunfará o mais terreno porco. Na hipótese de haver embate. Em Daniel, antes do conflito entre figuração e fato, tomávamos só a figuração, aquela aparência devotada como a própria realidade. Um poeta moribundo que recebe a visita de uma bela mulher nela verá motivos nada Rilke, porque a carnalidade triunfa, até mesmo no espírito. Disso não sabíamos, ninguém jamais nos havia dito – ou mesmo se alguém nos dissesse, seria inútil, não assimilaríamos, em razão de tais palavras não terem passado pelo filtro da experiência. O corpo do poeta procura o corpo da piedosa dama e não vemos, porque até então acreditávamos que tudo era espírito. A revolução, o socialismo, as mil e uma flores desabrochariam. Um caminho reto e retilíneo para as alturas. Como ver o agente no belo homem a declamar Neruda? Como identificar a traição de quem se acompanhava por Soledad e a experiência de haver sido treinado em Cuba? Era um personagem caracterizado com todas as condições de sucesso. Passado de luta, presença de pessoas do mais alto crédito revolucionário, futuro por conclusão óbvia e certeira. É um dos nossos, e dos melhores. O jogador, desonesto por método e sistema, no entanto, meio esconde, meio mostra essas cartas, por "questões de segurança". E se estabelece então o vínculo, a fraternidade entre enganador e enganado. Víamos tais cartas, a beleza suave e valorosa de Soledad, o seu total despojamento, a importância de ser conhecido de Fidel, e fingíamos que nada disso era visto. O enganador sorria e se dava todo em uma aposta vantajosa para o enganado, com o acréscimo de nada pedir em troca.

– Tenho armas, muitas armas, e tenho que passá-las adiante.

Não ousávamos perguntar a que preço, a que preços, porque os desonestos mais desonestos são muito sensíveis à mais leve desconfiança. Ficam indignados. Poderíamos, como resposta, até receber um cuspe na cara, enquanto o ferido nos brios nos respondesse:

– Eu não sou um traficante!

A isso não poderíamos consertar com a ressalva de que o preço não era, não seria em moedas, mas em que termos políticos vinha o oferecimento. Mas tal conserto não caberia, porque já havia se estabelecido uma fraternidade entre enganador e enganado. Como em todo golpe de sucesso de um vigarista. Aceitar as armas sem questionamento era melhor. E se ele – o dono das armas – impusesse condições inaceitáveis aos princípios e programa da Organização? Então não cabiam reparos, ressalvas ou minudências. Ali estava um combatente, um aliado, com uma oferta irrecusável. Adiante. Eu, Júlio e Ivan olhávamos o jogador a sorrir diante de nós. Não, não era o jogador. Era Daniel. Era e é, nessa mistura onde procuro um elemento puro e homogêneo. Alcanço-lhe a máscara. Como se faz máscara, mestre Julião das máscaras de Olinda? Os desenhistas que não fazem máscaras buscam a pessoa pelos olhos. É uma busca estranha ao método, que recomenda começar a cabeça pelo formato do crânio, por um desenho que começa por círculos, vizinhos à semelhança geral dos crânios. Os desenhistas que retratam pessoas, na sua ânsia de atingir o específico nos traços comuns dos homens, buscam os olhos do modelo como uma identidade, ou como um calcanhar de aquiles dentro da couraça dos retratados. "Se alcanço esse ponto, venço a batalha", eles se dizem. Do outro lado do enfrentamento, a posar para uma foto ou uma tela, o natural das gentes quer se mostrar com o seu melhor e mais belo rosto, dentro das linhas das quais não pode fugir. Com Daniel, que também foi Jônatas, Jonas, Anselmo, e voltou na velhice a ser Anselmo, não. A evolução de suas raras fotografias mostra um jovem a fumar – pose do seu melhor e mais famoso, sem dúvida –, um jovem no alto em um discurso, cercado de marinheiros, a mais usada foto do seu currículo apresentável. Depois há uma lacuna de imagens por oito anos, até aparecer como Daniel, em uma foto de aniversário de Soledad. É um instante, um flagrante que ele não queria, em que tentara se furtar à câmera, desculpar-se, mas um padre insistira a tal ponto que Daniel, o revolucionário, achou mais razoável e menos suspeito deixar-se fotografar.

Então houve e há, nesse instantâneo, conflito de Daniel com Anselmo, e conflito do fotógrafo com o fotografado. No primeiro deles, Daniel, o personagem e sua caracterização, é um homem de trinta anos em 1972, cabelos compridos, cabeleira dividida ao meio, bigodes finos, com um sorriso de esboço, olhos entrecerrados, parece, diante do *flash*. Ele é o marido de Soledad e se encontra em uma pequena festa de aniversário da amada esposa, entre religiosos brasileiros e norte-americanos. Há um desalinho nos cabelos, um penteado ao vento, que cai como uma luva no modo de ser em 1972. Suas orelhas, que se tornaram famosas pela semelhança a orelhas de morcego, se escondem, para assim deixar o dono mais formoso. Esse retratado luta contra o Anselmo por trás da máscara, que somente cai, nos traços exteriores, pelas retiradas dos longos cabelos, do bigode e do ar brincalhão, simpático. Anselmo, por trás, dirige muito contrariado o rosto de Daniel, por deixar a pista dessa máscara. Já o conflito entre retratado e retratista, nesse *flash*, se dá fora do terreno comum da pose, que artificializa o natural da pessoa. O mascarado, ainda que obrigado a se mostrar na máscara, dirige o fotógrafo, porque ele, personagem, escolhe o ângulo, a direção e o momento da fotografia. Mas o fotógrafo, por força da reprodução mecânica, química, da película contra a luz, ainda assim nos permite uma pequena viagem nesse rosto digno do mestre Julião, o artista das caras do Carnaval de Olinda. As sobrancelhas, que seriam redesenhadas com mais pelos em cirurgias plásticas depois de Soledad, aqui ainda são ralas e estreitas, sem que se arqueiem como um risco de boneco de desenho. Os olhos ainda são os dos mestiços de Sergipe, vindos de sangue índio. Mas então ocorre esta descoberta: há um deserto de humanidade entre as órbitas dos olhos e a boca. Há uma superfície batida sem traços de gente, de qualquer gente, e de tal maneira que, ao se relacionar com a região da testa, faz os olhos de índio se tornarem fendas, meras aberturas no papel machê, por onde Anselmo nos vê pelos buracos rasgados da máscara Daniel. Assim posto, mais uma vez, se com os cabelos cortados pusesse um chapéu, bem poderia ser o Homem da Meia-Noite, o boneco do Carnaval. Mas sabemos todos, que o vemos em 1972 por trás com os nossos olhos de 2009, que essa máscara oculta um ser trágico. Aquele que nos vê é um instrumento de morte para pessoas, para corações desarmados que pedem a mudança do mundo pelas armas. E por isso, é claro, ele não dançará o frevo. Essa música flamejante, aberta, contente, generosa, que se pula ao som de metais nas ladeiras e largos, a ele não cabe. Do boneco de Olinda, do Homem da Meia-Noite, ele só guarda o engodo. A música desse personagem, por trás da foto, não é aberta, grande, alta: é sussurrada e entre sombras. Lembraria mais um canto fúnebre, guarani, se não fosse uma canção vulgar e miserável, que sempre tem sucesso para os que a cantam, pois jamais serão ouvidas por qualquer coração puro.

– A esquerda é muito fácil de ser enganada – ele dirá em *off* a um repórter em 1998 – É só bater continência para Lenin ou Trotski, que eles acreditam na gente.

– Então foi fácil? – perguntou o repórter.

– Foi, mas só no começo. Depois o risco cresce muito.

– Que tipo de risco? Morrer, ser justiçado, é isso?

– Sim, isso também. Mas o maior risco é o de se envolver com esse tipo de gente.

9

Soubemos depois que Soledad não quisera aquele seu aniversário. Que relutara em aceitá-lo, que procurara por todos os meios dele fugir, como se pudesse evitá-lo. Em razão de para todos passar a impressão de confundir festa de aniversário com aniversário, fizeram-lhe então uma surpresa, em uma casa de religiosos na praia. Daniel a levou sem que ela de nada soubesse. O pretexto foi uma conversa que teriam com os padres, de passagem, como quem vai a um ponto, a fim de amarrar, assegurar o apoio dos religiosos à luta. Terminou por haver ali, tanto na festa quanto em não a querer, motivos simbólicos e cifrados que somente compreenderíamos capítulos da vida mais adiante. Não nos cabe aqui explicar o que houve com termos mais nebulosos que os próprios fatos. Será preferível narrá-los, de tal modo que nos evidenciem a sua existência.

É certo, soubemos depois, que Soledad falara aos amigos que não queria saber de aniversários. Assim mesmo, no plural, como se ela se referisse aos de outros e aos seus próximos. Motivos, exteriores, bons e patrióticos, não lhe faltavam. Pois não havia o que comemorar em uma ditadura, quando tantos companheiros estavam presos e supliciados; que isso de festa de aniversário era um hábito muito exclusivo, privado, para quem desejava um mundo comunista; que comemorar aniversários era uma coisa burguesa, enfim. Mas se assim ela falava, assim bem não o sentia. Ela, como todos nós, era o público mais o privado, e as coisas mais íntimas, ainda que tenham consequências públicas, não se apregoam. Nas vésperas dos seus 28 anos, quando ela anunciou "basta de festas", de maneira dura e determinada, quase grosseira, tão diferente da suave Soledad, causou um choque. Então ela acrescentava aqui e ali, para amenizar impacto, "não sei se 'cumprirei' outros anos". A essa afirmação, sempre que estava presente, Daniel dizia:

– Temos que respeitar as individualidades. Isso é uma idiossincrasia – ele falava, a separar as sílabas de "idiossincrasia", como um bêbado de língua grogue.

A fuga de Soledad à sua festa mais parecia um presságio, uma, portanto, superstição. Coisa atrasada, irracional, de povos e pessoas ignorantes, de um lugar e história primitivos, antes das luzes da Revolução Francesa. Mas como a frase vinha de uma mulher culta, inteligente, deveria ser interpretada como uma resistente concepção idealista, avessa aos princípios do materialismo histórico. (Essas coisas a gente escreve porque é obrigado a escrever em estrita obediência aos fatos.) No entanto, é curioso que essa desagradável premonição era um devir lógico. Se a estatística fosse uma ciência com a força inexorável da lei gravitacional, todos os combatentes, para as condições de isolamento em que estavam, mais cedo ou mais tarde cairiam. Todos. Soledad não seria a luz da exceção, se a estatística fosse uma lei mecânica. A longo prazo, o que para os tempos e juventude de então significava "não envelheceremos". No entanto, ela possuía do seu fim próximo uma clara certeza. Mas esse "claro" aí, adjetivo de "certeza", não é um claro radiante, luminoso, de céu azul de verão. É um claro melancólico, se podemos nos expressar dessa maneira. Um claro que antecede a tempestade em um dia de chuva. Ou um claro que sentimos quando em estado de febre, quando todos os claros se tornam mortiços.

Soledad estava grávida. Embaraçada, deveríamos dizer, como uma tradução do espanhol adaptada à sua circunstância. Esse estado lhe desagradava, deixava-a muita vezes o ser em angústia, agitada, por assim se sentir mais frágil e indefesa. Uma barriga em plenas vésperas dos seus 28 anos, no calor da luta! Gravidez indesejada e martirizante. Como queria ser a Virgem Maria das histórias da gente mais simples, das mulheres do povo paraguaias; como queria, como desejaria ter concebido sem pecado, sem o pecado desse embaraço, desse bucho que carrega como uma pesada mochila a lhe torcer o passo nesta selva escura. Ó Maria concebida sem pecado, dá-me a tua graça, ela gostaria de dizer, e quando cerrava os olhos, sozinha, talvez enunciasse uma prece, um canto à bem-aventurança, sem a passagem pelas estações do caminho da cruz, pau de arara, descargas elétricas, chutes no ventre, esganadura. Como gostaria disso, e por isso e assim cerrava os olhos diante das blusas que pintava. Era uma cerração de não ver o imediato, sim, mas era uma cerração antes para a volta àquele mundo ideal das mulheres paraguaias, bravas, solidárias e valorosas mulheres, que ela buscava quando às vezes cantava cantos guaranis. Eram uns olhos voltados para o futuro nutrido do primevo passado.

Tão diversos desses olhos, mas igualmente cerrados, Daniel a seu lado os apertava para ver o futuro próximo e imediato. Não, é claro, de forma nenhuma ele a amava, de forma absoluta e peremptória jamais ele a quisera, ele até a rejeitava, mas havia que fingir, fingir e fingir, fingir mais que um ator, porque a jovem a seu lado não era uma parceira que representava, não havia nela um papel de linhas encenadas, ela era mulher concreta, doce e carinhosa. Então ele era obrigado a fingir dentro do fingimento. E, coisa diabólica e traiçoeira, ele não sabia, mas o fingimento do amor terminava por dar algo semelhante ao amor. Se não a amava, também não a odiava. Se não lhe era profundo afeiçoado, tampouco lhe era indiferente. Isso, esse resquício do sentir, lhe trouxera o fingimento do amor. Então ele cerrava os olhos com força, porque sabia que no jogo claro da guerra não entram sentimentos, amor, essas coisas enervantes. As coisas são o que são. Como entrar numa guerra sem mortos e sem sangue? Que importa – e os insultos lhe cresciam na busca de uma saída honrosa –, que me importa essa louca, fanática, puta... Que essa fanática terrorista seja executada? Sim, que importa. "Eu disse: que importa? Entenda: que importa?" Mas Daniel, mas Jonas, mas Anselmo, se fosse um homem, se ele pudesse enfim ser um homem, teria lutado para que aquela puta, fanática, terrorista não tivesse um fim. Se tal não fosse possível, que tivesse, sabia lá?, um sonífero, um veneno, uma coisa letal e rápida sem sofrimento. *Pero* as coisas são o que são. Entre ele e ela, o que escolher? Como crescer a voz para o comando da caça aos subversivos e dizer: "Nesta ninguém toca, vamos poupá-la"? Hem?, quem era ele, que forças tinha ele para deter essa tempestade? Então dava de ombros, as coisas são o que são. "Todos morrem. Se ela não morrer hoje, morrerá amanhã." Então um cinismo de salvação, um cinismo que era uma força poderosa de sobrevivência, dava um salto para a fórmula certeira: "Eu estou salvando vidas". Sim. "Eu estou salvando outros jovens do terror." Sim. "Eu estou salvando vidas de pobres soldados, de simples policiais. Eu estou salvando gente comum que seria morta." Sim. Era visível na cama um ventre que dava sinais de vida autônoma, distinta daquela terrorista. Esse era um ponto e um ventre que seus olhos evitavam. Sabia que estava lá, sabia que era um filho, mas "essa puta trepa também com outros. Como saber que é meu?" Sim. "E depois, pode até ser uma gravidez psicológica. Essa mulher é louca." Louca! Se ele fosse um homem, gritaria no quarto, louca!, berraria, louca!, e passaria a possuí-la, possuí-la não mais com o seu sêmen, mas possuí-la com porradas, com chutes, com golpes de foder no ventre, para fazê-la expulsar esse feto psicológico. Se, se e se, ele cerrava os olhos. Então ele se levantava, engolia um comprimido e a realidade se apaziguava. Deixava-o fortalecido e forte. Aquele filho, se existisse, não era dele. Aquela pequena coisa, se fosse dele, foi ela quem provocara. Não era, portanto, dele, de consciência – essa palavra tão cara, usada aqui e ali em tradução particularíssima –, de consciência não era dele. Os filhos são filhos da mãe, como ele próprio fora, um menino criado sem pai. Ah, talvez fosse melhor assim, e se aninhava no lençol, bem melhor, porque estaria evitando um futuro Anselmo. Mais uma vez agia com ética: evitava o mal, o mau, os maus e os males. "A ética é dura, bicho." Então os pequenos olhos de índio penetravam no sono. Haveria um futuro em uma praia, livre e limpo de todo terrorismo.

10

Relato agora, colo relatos, lembranças e depoimentos do que me foi contado pelos religiosos presentes àquela festa. A paixão, o calor nos fatos aqui narrados foi construído pelo horror, que veio depois. O que se segue é um testemunho do que na ocasião parecia inexplicável. Uma reconstrução do que permanecia entre escombros.

"Mamãe, mamãe, não chore. A vida é assim mesmo, eu fui embora..." tocava na radiola da casa dos padres. "Eu tenho um beijo preso na garganta..." Então Soledad, a *viejita, viejita* desde os cinco anos de idade, teve um estremeço, um estremeço como as mulheres possuídas por santos nos terreiros. "Ser mãe é desdobrar fibra por fibra os corações dos filhos..." E por isso descalçou as sandálias, e se pôs a dançar, a bailar, sozinha, ela e seu fogo presente no útero. Abriu os braços, e com toques graciosos nas mãos, com os pezinhos a bater com o calcanhar o ritmo. A saia de estampas de flores ondulou nos quartos largos de mulher parideira. "Mamãe, mamãe não chore, eu nunca mais vou voltar por aí." Os padres, as freiras, abriram uma roda. Soledad Barrett Viedma disso não se deu conta. "Eu tenho um jeito de quem não se espanta." Quem era essa Gal Costa que cantava tão bem para uma guerreira no desamparo? "Leia um romance. Leia Elzira, a morta virgem..." Então ela, ela e o seu santo, ela e o seu útero, ela e aquele que jamais teria nome ficaram tontos. Ficaram tontos, mas não do girar. Ainda que girem, Soledad *y la viejita* eram aptas para girar enquanto bailavam. Ficaram tontas com uma súbita punção no fígado. Então ela se apoiou em um pezinho e parou, e desceu no chão. Cercam-na.

– O que foi? – um dos padres lhe pergunta.

– O que se passa? – Daniel a interroga.

– Nada – ela responde, e se põe sentada. Sem perceber, leva uma das mãos para o ventre, como uma criancinha ao apontar o dodói.

– Você bebeu? – volta Daniel.

– Sim. Uma aguardente com mel, pesada – ela mente, e sorri.

– Sabes que não podes. Sabes que o teu organismo é frágil. Sabes... – Daniel lhe diz, pondo-lhe uma das mãos no ombro, enquanto os seus olhos correm a assistência – Bem sabes... – continua com voz quente e audível.

Há nessa voz um quê de falso, Soledad percebe. Então ela recebe um novo estremeço e se põe em pé.

– *Fiebre* – ele lhe diz.

Vontade Soledad tem de cuspir à cara, dele, desse amante cuja máscara fria ela agora descobre. As palavras que ele diz não se harmonizam com os traços rígidos, sem verde e sem vida do rosto. Se ele fala com máscara – um santo, um gênio sopra ao ouvido de Soledad –, se ele fala assim, então ponha a máscara conforme a cena e o espetáculo.

– Sol, querida...

Soledad antevê no ar uma ameaça de beijo, e mais grave, de toque com lábios frios que apenas delatam, que falam para outros que ela seria a sua amada. Toque de lábios que mentem. A máscara não está conforme o

– Sol, querida...

Então ela lhe dá as costas, sob o gentil pretexto

– Tentarei algo de bom na cozinha.

– Mas estás bem? – ele retorna, mas ela não ouve, ou não escuta.

Ela deixa um rastro na festa, porque sai e não se ausenta. Está na cozinha, todos sabem. No entanto, algo, alguma coisa não é mais como antes. Não se trata da comum percepção de que se ela estivesse no mesmo lugar, já não seria como antes. Trata-se de que há uma descontinuidade agora. Por exemplo, a música já não se toca, mas continuam a existir pilhas de discos de Chico, de Caetano, de Gal, de Mercedes Sosa, de Santana a um canto. Por quê? Ninguém então disso se dá conta. Há murmúrios, porque todos viram o que cada um pensou que somente ele próprio vira. Todos viram os estremeções, a posse de Soledad pelo espírito do baile, o giro de flor e a sua queda. Isso foi para todos um espetáculo e um encanto. Diferente do teatro e da função de circo, aquilo, todos notam, não poderia ser repetido. Aquilo havia sido uma função de outro gênero, uma criação de outra arte. Ela parecia estar em um reino de humanidade inexplorada. Isso não é percebido como um conceito. Então se murmura.

Para seu desconforto, Daniel nota que todos olham para ele. Por isso ele, ou seu papel de rapaz livre, senta-se no jardim, sobre a grama. E a cada olhar que o varre, ele sorri. Sorri sempre, na esperança da experiência de que as pessoas captam o particular, nunca o todo em seu rosto. E se levanta, porque na ilha em que se plantou ninguém vem ao seu encontro. Vai a um dos grupos formados. Penetra no que se acha a irmã Célia. O rum se bebe farto com coca-cola. No centro, como liderança, a irmã Célia é uma luz que pisca, como se fosse uma lâmpada que se interrompe rapidamente e volta, nos olhos azuis que se turvam e voltam em breves piscadelas. Ninguém distingue se essas piscadas são um tique nervoso ou um namoro a susto com o pecado. Irmã Célia é pequena, magra, franzina, mas dotada de uma energia que a faz mover-se como um dínamo quando age e fala. Ela muito se assemelha a Mércia, uma advogada do Recife que defendeu inúmeros perseguidos na ditadura. Ela, ao perceber Daniel, simula uma surpresa em veloz escurecer e brilho nas pupilas. Ele, atento ao esquete e à mímica, também se toma de surpresa.

– Irmã Célia, você por aqui? Eu não tinha ainda notado – ele diz e a beija de modo respeitoso, gelado, na testa morna.

– Eu sou muito grande, sou não? – responde-lhe a irmã Célia, no seu português que às vezes é tradução literal da língua inglesa.

– Um pouco *big* – ele responde.

No grupo todos riem. É um riso nervoso, de conveniência, de quem acaba de sair de uma iluminação espiritual, de uma encenação incomum, mas não quer mostrar que se abalou, porque, afinal, a vida continua, tudo bem, nada vimos. Ele também ri, ri no seu costume, ambíguo. Se o ambiente for bom para o riso, é riso. Senão, é mostrar dentes, sem rosnar. Diferente dos animais de ataque aberto, ele insinua e se contrai.

Então chega para o grupo um estudante baixinho de nome Zenilton. Para nada dizer sobre ele, diga-se que encarna o palhaço de todos os grupos da festa. E se tomam tal característica como uma ofensa, diga-se que ele desperta risos e alegria entre os nacionais e gringos religiosos. Existe nele, é claro, uma dose generosa de exibicionismo, daquele sem o qual nenhum comediante se faz. "Ele é muito divertido", irmã Célia diz. Ele é o cara que se faz de distraído, vale notar, enquanto lhe colam um rabo de pano ou papel na bunda. E assim posto, de cauda até o chão, dá voltas e saracoteios para todos verem. Com o ar mais sério e distraído. Ele possui, como se dizia e se diz, o *physique du rôle*. Além disso, esganiça a voz para melhor contrastar com a barba senhorial que porta. Agora mesmo, ao chegar, ainda que sem rabo às costas, mal abre a boca e todos riem. E assim seguro do seu papel, fala em voz de caricatura:

– Irmã, eu estou apaixonado. Estou *in love* – ele fala, e põe a mão no peito como um pierrô de farsa. Todos gargalham.

– Você, *in love*? Eu não acredito – a irmã lhe responde.

– "*Mi*", irmã. *Yes*. Eu mesmo. Mas é um sonho impossível para mim, irmã.

– Por quê? Ela é uma princesa?

– Mais, irmã. Bem mais que uma princesa. Jamais eu poderei amá-la. *Never, never, never. Do you* crê?

– Sim. Por quê, meu rapaz?

– Porque eu não posso disputar com Jesus.

– Você é louco.

– Sim, porque estou *in love* com irmã Célia.

– Louco! Você é louco!

E Zenilton se ajoelha, em mistura da pose piedosa, de fé, e a de cortesão.

– Irmã, *you* acredita?

Irmã Célia, vermelha nas faces, procura afastá-lo com as mãos, enquanto lhe diz:

– Louco, o que você bebeu hoje?

– Por quê? A irmã quer beber o mesmo que eu?

"É um bom comediante", Anselmo se diz. E como Daniel sorri e ri alto, com os dentes mostrados por mero reflexo do ato de rir. Mas com um movimento rápido se contrai, porque o seu papel é mais alto: à vera, ele é o marido preocupado com a saúde de Soledad. Não vê a hora de que lhe perguntem, "o que houve com Sol?", para que responda, com ar grave, "nada, ela está bem". E se insistirem que ela não parecia estar assim tão bem, ele responderá: "De fato. Ela toma antidepressivos. Uns probleminhas psiquiátricos..." Mas não, esse momento não chega. Todos – assim ele percebe –, todos o veem, todos o perseguem com os olhos, como se dele desconfiassem, como se ele fosse um criminoso. E nada falam. Sabem e não dizem, porque de nada em palavras, em provas, o acusam. Então ele fala observações, melhor dizendo, frases retiradas do nada, sobre a música de Vandré, do artista engajado Vandré. Engajado, ele diz, com o mesmo acento de Enganado, o Enganado Vandré:

– Um engajado. Grande artista! Vocês não têm aqui "Caminhando"?

– Não dá. Está censurado, não é?

– Mas têm ou não?

Ouve-se então, da cozinha, uma voz que canta "La navidad de Juanito Laguna". Ninguém ali, na praia de Piedade, ainda a conhece. Se fácil seria rejeitá-la como uma canção desconhecida, se fácil seria não ouvir uma língua a que não estão acostumados, porque não é o inglês, a língua natural daqueles religiosos norte-americanos, fácil não é se descolar e deslocar da voz e da melodia. Então ocorre na festa primeiro um falar baixo, um murmúrio débil, até que se faça um silêncio não pedido, um silêncio que os próprios silenciados não percebem, um silêncio como de *voyeur*, de quem ouve atrás da porta o sussurro de uma intimidade vizinha.

*Juanito de la inocencia
canta en dormido Laguna
así por dentro del sueño
pasa llorando la luna.*

É doce, agradável e bem-vinda, e aqui, para esses níveis de sentimento, difícil é distinguir a voz que canta da melodia. Quem conhece um bom intérprete, sabe. Há intérpretes que gravam tão bem uma canção que a tornam carne e osso de uma só vida. Impossível separá-los, ou não será a mesma canção. Porque Soledad não é só a mulher bonita de um ponto de vista físico, cuja fotografia revela apenas uma estação do seu ser. Uma estação imóvel de um peito dinâmico. Bonita de tal modo, que se dirá do fotógrafo o que se diz do mau desenhista, "como isso não se parece com ela... Não saiu parecido". E se pedirá então ao fotógrafo o impossível, a saber, que a máquina, a mecânica, reproduza um ser, a textura, cor e delicadeza da orquídea, da pessoa mesma. Como se fosse possível da flor um *close* que a isolasse do ar que ela respira, do campo em torno, do cheiro que exala, em resumo, como se fosse possível reproduzir o complexo, a conspiração de sentidos que se dirigem para um único fim, a pessoa, o ser vivo, inalienável, poderoso em nos despertar amor, afeição, paixão, tara e paz, que buscamos como a uma miragem. Ainda assim, se sabemos que na flor há um ser inalcançado na fotografia, se comparamos, se transpomos mal, imagine-se então Soledad no lugar dessa flor do campo. Imaginamos mal e mau, já veem. Flor não se rebela nem canta. Flor nos desperta canção e rebeldia, quando machucada. Mas a pessoa de Soledad, ainda que lembre essa flor – e é irrecusável não lhe ver a pele como o tecido de uma pétala –, e assim a lembraremos pelo vento forte e traiçoeiro que se prepara para a machucar e destruir, ainda assim, como a superar tal associação, ainda que nos persiga como só uma ideia é capaz de perseguir, porque hoje, neste dia do seu aniversário, ela está mais bela que antes, porque, dizem os médicos, a mulher grávida é mais bonita que as não embaraçadas, tentemos um método férreo, duro e cruel: olvidemos a beleza física de Soledad.

Pois não a veem, e a princípio, nos primeiros versos, não ligam a mulher que conhecem à voz que canta:

*Se le va hundiendo en los ojos
largo el camino.
Muy distraído se queda
Con su destino...*

Daniel, Anselmo, Anselmo/Daniel vai até o muro do jardim e olha o mar azul da praia de Piedade. Para fazer o que tem vontade, ele pularia o muro e, longe desse canto, ele voltaria a ser Simbad, o marujo, em busca de aventuras, do heroísmo de Hollywood, das histórias em quadrinhos. Então ele seria resgatado pela esquadra norte-americana, rumo ao Pacífico, ao Havaí, longe, bem longe dessa história concreta de ter de entregar isso. "Isso" é Soledad. Se o vemos mal, dele vemos que não lhe dói em absoluto entregar, delatar, fazer aprisionar, eliminar isso, essa mulher. Todas as ações necessárias, exceto trair. Trair, nunca. Não se trai aquilo em que não se acredita ou, pelo menos, aquilo em que um lance esperto de sobrevivência foi levado a acreditar. Ele não é nem será jamais um traidor. Traidor é quem trai a pátria. Traidor não pode ser quem entrega o terror, o terrorismo, os terroristas. *Pero* Soledad ergue a voz na cozinha, ou por decibéis sensíveis aos ouvidos de captação de Anselmo, ou pelo silêncio que se faz no encanto, parece erguer a voz. Nem sequer se ouve um riso, uma folha que cai, um gelo em um copo. No cigarro que ele fuma, a própria fumaça canta:

>*La Navidad que les canto
>no tiene luz;
>se va tiznando en la noche
>de Juan Laguna.*

E Anselmo, Anselmo sua máscara entende esse espanhol *y esa Navidad*, que lhe chega também com o sentido de nascimento, *la Navidad que les canto no tiene luz*. Vira-se para a esquerda e olha o mar. "Isso passa. Calma, *hombre*. Terás a compreensão daqueles olhos verdes, claros e vivos de Fleury". E sorri íntimo. Mas fuma: *"así por dentro del sueño / pasa llorando la luna"*.

O que lhe dói não é de modo nenhum – "Culpa zero, entende? Culpa zero" –, não é bem doer, o que o incomoda é a incompreensão do mundo. É a burrice e o preconceito de todos. Vão culpá-lo daquilo que não está em sua consciência. Em sua treinada e prática consciência. "Se eu não me julgo um criminoso, eu não sou criminoso. O que vale é o que eu sei." E se põe a mover a cabeça para um e outro lado, como um mangusto, um suricato na savana. *"Se le va hundiendo en los ojos largo el camino."*

Se o vemos bem, e a obrigação de compreendê-lo, de tocar a verdade a isso nos obriga, notaremos que o ser Daniel de sua alma teria preferido não matar Soledad. Melhor, ele não usa a palavra matar, ele diz pegar, pegar Soledad. Matar, mata-se galinha. Galinha se mata quebrando-lhe ou sangrando o pescoço. E o réptil lhe volta ao ser, a balançar o queixo enquanto se afirma: "Eu sou incapaz de matar uma galinha. Me sinto mal, entende? Não gosto de quebrar, de sangrar pescoço". E não se diz, porque está claro e elementar como o horizonte azul do mar, "que dirá matar gente, torcer e sangrar o pescoço de Sol". Vem-lhe um engulho, e Anselmo se diz, "beber rum com coca me ataca o fígado". Se o vemos bem, queremos dizer, se o vemos com a experiência de 37 anos depois, quando ele declara que tentou salvar a companheira, pois assim se refere a ela diante dos ouvidos morais, quando declara que pediu a seu estimado chefe que poupasse a vida de Soledad, ainda o vemos como o homem que acha necessário se eximir da culpa. Ele não é um bárbaro, um brutamontes, porque é atento e atencioso à condenação coletiva. "Fiz o que pude, mas..." E por assim considerá-lo bem, devemos acreditar que fez o que pôde, no limite, na fronteira máxima da própria sobrevivência. "Caralho", dirá, "quem me cobra não sabe a barra-pesada daqueles anos", e, esperto que é, se não põe mais ênfase agora é porque precisa justificar antes a sua "passagem", supondo uma, da esquerda para a delação, quando em mais de uma oportunidade fez o que ditou a sua consciência. Se o vemos bem, ainda assim não podemos deixar de ver que a sua defesa é constituída de remendos, precários, que a novos fatos cambiam sempre de posição.

Daniel, assim de costas para todos, como se estivesse a fumar sozinho em busca de respostas no mar, pode voltar a ser Anselmo, ele e ele mesmo. *"Muy distraído se queda Con su destino..."*

Si. Se assim fosse, idealista e belo, poderia repetir *"puedo escribir los versos más tristes esta noche". Pero* não, ele está nas vésperas, e por isso deve manter os olhos bem abertos, bem certeiros de caçador, que fareja e sabe o lugar exato para o tiro certo sobre a fera.

> *Le está soltando campanas
> la Nochebuena
> y en el arbolito cantan
> las arboledas.*

Arboledas soam a ouvidos brasileiros como se fossem borboletas, mariposas que na arvorezinha de Natal estivessem a cantar. *"Y en el arbolito cantan las arboledas."* Seria, talvez, mais absurdo e mais belo, mariposas cantando na arvorezinha de Natal. Mariposas amarelas, azuis, vermelhas, que belas, frágeis e pássaras nem precisam cantar para encantar. Pois Soledad canta como uma mariposa cantaria, se cantasse. As asas seriam as saias das dançarinas paraguaias quando bailam. Há folheados de saias. "Como posso traí-la?" Sim, isso. Isso agora é isto: "Como posso traí-la?" Soledad canta como se cantarolasse. Por sua natureza canta, magnífica, mas desligada de si. "Até parece que ela sabe", Anselmo se fala, enquanto ouve e escuta *"distraído se queda con su destino"*.

Lá na cozinha ela faz a sua representação, se revela a mulher terra, terra, terra, ao infinito da duração do seu canto. Todos a sentem. "Como posso traí-la?" É curioso, seria engraçado, mas até mesmo o pensamento de Anselmo lhe vem em uma forma ambígua. Até mesmo na sua forma há uma ponte, que se liga ao lugar onde se mandaria a solidariedade para o inferno. A partir de sua primeira forma de remorso, "como posso traí-la?", que significa "Como posso trair essa ternura, como posso me tornar infame ante essa mulher? Como posso me acanalhar ante essa inocência feliz?", o seu pensamento se liga ao "Como posso traí-la? De que modo posso traí-la? Quais meios melhores para traí-la?", até "Sim, de que modo traí-la sem que me advenha qualquer culpa?" Ele dirá a seguir, como disse onze anos depois: "Ela não morreu por minha culpa! Ela morreu pelo que ela defendia, morreu por aquilo em que acreditava, morreu pelo caminho que ela escolheu. Ela morreu como vítima do movimento comunista internacional, não por minha culpa". Mas então ele terá passado por um longo período de pensar em sua defesa, de preparação para responder às pessoas normais, que não o entendem. "Sim", ele dirá, "ela era uma terrorista"; sim, completará, "ela sofreu um acidente de percurso". Para corrigir, "não, não foi um acidente. A morte estava escrita para toda aquela turma. Aconteceu o que tinha de acontecer. O que tinha de ser, foi". Mas agora, neste janeiro de 1973, não. Soledad canta e isso lhe dá um arrepio, um incômodo, estúpido, enervante. Um arrepio perseguidor sem clemência.

Juanito de la inocencia
canta en dormido Laguna
así por dentro del sueño
pasa llorando la luna.

"Caralho de mulher sentimental. Foda-se." Há um fato que ele evita. Há uma informação que sua consciência rejeita. Há uma delação, um embaraço, *un embarazo*, a querer acorrentá-lo. Sol está grávida. Soledad está grávida. *¿Y?* Obstáculos de consciência assim ou se atravessam rápido ou não se atravessam. Quem está determinado, sobre um obstáculo não se deve deter. *Sí, ¿y?* E daí, não é mesmo? O que isso quer dizer? Coisa mais comum, mulher grávida. Caralho de sentimentalismo. Porra, se ela está grávida, putz, foda-se. "Sei lá, cara, sei lá com quem ela trepa!... Com quem ela faz 'amor livre'! Por que não se preveniu? Quem está na luta não se embaraça. Isso é um princípio. Isso é ensinado desde o treinamento em Cuba. Ela não sabia? Putz. Agora, sim... Até parece. Ter de carregar pano de bunda de mulher. De mulher com psoríase, de neurótica, de puta. Puta, sim. Onde está a responsabilidade? *¿Donde está su grave responsabilidad?* Trepar sem DIU, trepar sem pílula, foda-se. Comigo não, camarada." E num esforço de concessão: "Ela defende o aborto, não é mesmo? Então vá..." Ele prova a própria língua como um chiclete. Para não encarar o oceano, fita a pequena mata de arbustos, o pequeno mangue à frente do muro do jardim. Nada vê da paisagem. "Nem bucho ela tem. Sim, tem, mas só um pouquinho. Está só no começo." E não vê a pequena mata à frente, nem o serviço sujo em toda a crueza, crueldade e consequência. Isso não é com ele. O serviço está bem dividido, cada um com a sua tarefa. Matar, não, isso não é com ele. "Nunca matei ninguém", ele se diz, mas é incapaz, ainda que com todo cinismo, de externar o que pensa, de falar isso em qualquer entrevista. Porque é inteligente e não quer ser alvo de maledicência ou zombaria. *Pero* ele sabe, ele mesmo, "para a minha consciência isto é o que é importante: nunca matei ninguém", e saboreia, alisa, evolui e amacia a própria língua. Estala esse músculo importante como um chicle de bola.

Zenilton, o bom palhaço, o pequeno farsante, o chama.

– Daniel, vem cá, por favor.

Mas tão absorto ele se encontra, que não se dá conta, não escuta. Ou ao chamado, ou à voz esganiçada que auxilia o não ser ouvida por este nome, Daniel. Jônatas, Jonas, Daniel são peles próximas da queda do seu corpo. São como perispíritos, como os seriados no cinema de sua infância, quando via bandidos entrarem no corpo de pessoas pela simples dose de um remédio, e depois saíam para assumir outra identidade. *Pero acá* o bandido é outro, o lado do mal está invertido, o mal aqui se veste de bem, o terror quer ser o bem. O terror quer ser a justiça. O cacete. O terrorista quer ser o futuro da humanidade. O caralho.

Sobre la mesa, un pan dulce,
un arbolito,
unos juguetes. Jugando,
sus hermanitos.

Quem quiser que se engane com essa idiotice. Putz.

– Daniel – Juanito pelas costas o toca.

Ele estremece. Vira-se. Coisa estranha, pareceu-lhe receber um toque de Juanito.

– Daniel, vamos entrar – lhe fala Zenilton. Chegou a hora da surpresa de Sol.

– Surpresa?!

– O bolo do aniversário. Estava esquecido?

– Não, claro. Sim, sim. Vamos lá.

Soledad em Montevidéu, antes de embarcar ao Brasil, início dos anos 1970.

Soledad passou parte de sua juventude no Uruguai, onde seus pais se exilaram. Lá se tornou dirigente do movimento estudantil e, aos 17 anos, foi raptada por grupos que se autodenominavam nazistas. A foto ao lado mostra Soledad pouco depois de receber alta do hospital onde ficou internada após ter sido "tatuada" pelos agressores. Soledad mudou-se para Cuba (foto superior esquerda) e também viveu um curto período no Chile (foto superior direita, com chapéu) antes de vir ao Brasil.

Notícia publicada no diário *El debate*, ligado ao conservador Partido Nacional do Uruguai, sobre as investigações do sequestro de Soledad Barrett.

Soledad, ao lado do cantor uruguaio Daniel Viglietti, em Montevidéu. Após sua morte, Viglietti compôs uma canção em homenagem à militante paraguaia (ver p. 7).

Soledad durante sua passagem pelo Chile, início dos anos 1970.

O ex-marinheiro José Anselmo dos Santos, vulgo Cabo Anselmo/Daniel.

Soledad em Santiago, fim de 1971.

Soledad Barrett Viedma (6 de janeiro de 1945 — 8 de janeiro de 1973).

11

Da sala da casa, irmã Célia chama Soledad. Então ela vem para a irmã, que está sozinha em um sofá. E sorriem-se, a irmã com seu piscar de olhos, Soledad com o seu natural suave. E vê, vê mas não percebe, um bolo imponente, branco, na mesa da sala. Antes que esboce uma reação, dos quartos, do terraço da casa, vêm à sala todos, de repente. Zenilton de cartola, os padres armados de pequenos pacotes, Daniel com os braços abertos em direção a ela. Então, assim abraçada a ele, mas não de corpo inteiro, apenas de lado, ombros com ele e de frente para a assistência, como se surpreendida em uma tempestade, em um terremoto, e na emergência tivesse de se abraçar ao que se achava mais perto, com os olhos esbugalhados e grandes, Soledad ouve:
— Parabéns pra você, nesta data querida...
Daniel também canta, ela pode escutar, primeiro junto a si, embora ele se dirija ao público, ela sente:
—... muitas felicidades...
Zenilton, o bom farsante, vai de um lado a outro da mesa, com um rabo de papel preso na bunda, a gritar em falsete:
—... muitos anos de vida!
E Daniel ri com isso, ri-se a gosto, e todos podem ver que ele ri e sorri de felicidade pelos 28 anos da companheira, a mais bela e querida esposa em 6 de janeiro de 1973. A lembrança dos padres afirmará, anos depois de 8 de janeiro de 1973, que ele abre o champanhe com os seus longos e ágeis dedos. E balança e agita a garrafa como um vencedor de corridas de autos, o que, para júbilo geral, lança líquido espumante sobre os mais próximos com enorme felicidade. Zenilton então retira a cartola e a empurra brusco, em um só mo-

vimento, na cabeça de Soledad. Ela não sabe como reagir a semelhante expansão de gênio, em público, sem ferir ou magoar o brincante. A coroação é ríspida e à força, mas em vez de assumir um lugar na pantomima, os seus olhos crescem como se perguntassem: "Por quê? Por quê?" Assim posta, de cartola à cabeça, há uma exigência sugerida para que ela se torne alegre. É o seu aniversário! Vamos, vamos, Sol, vamos rir, e obediente aos sinais, Anselmo/Daniel age e avança. Derrama a taça do champanhe em cima da cartola. O doce líquido cai então sobre a face de Soledad, corre-lhe e lava o rosto, e – a irmã Célia observará, dias mais tarde – ninguém nota que na face lhe correm sal e doce até os lábios, mistura de champanhe e lágrima. Irmã Célia nota, mas não se chora também de alegria? Então começam a bater palmas, desta vez sem o parabéns pra você, batem palmas e sapateiam, e obediente outra vez aos sinais, já que a sua amada se mantém imóvel e assustada, Anselmo/Daniel pega nas mãos da bela esposa e a força a bater palmas.

– Assim, vamos, vamos.

Ele fala, primeiro em um tom carinhoso, mas as mãos de Soledad resistem a esse urgente carinho. Então, enquanto continua a falar, para que todos o escutem, com palavras afetuosas, suaves

– Assim, amorzito. Vamos, um, dois, três, e...

Enquanto diz essas palavras, ele pega com força os delicados pulsos da esposa e os impulsiona e joga um contra o outro, e repete o ato com mais força ainda no vai e vem, mas é claro que os pulsos vêm com as mãos caídas, desarticuladas, como se portadoras de artelhos e extremos quebrados. As mãos caídas tocam-se sem estrépito, mãos exangues. Então Anselmo é mais preciso, agarra as duas mãos de Soledad e as joga com ruído e brutal uma contra a outra. Então Soledad, como recurso, fecha-as, crispa os dedos. Para quê?

– Não resista. Vamos!

E desta vez, em voz e gestos até mesmo para o público, ele deixa de ser manso em sua casca. Todos veem, mas não o percebem. Todos ouvem, mas não o escutam. Porque gritam, batem palmas, sapateiam, sob o estímulo do rum, da coca, do champanhe e da feroz, feroz alegria.

– Obedeça. Vá!

E pega as duas pequenas mãos aveludadas, distorce os dedos crispados até um ângulo de 180 graus. E como se pegam as cadelas ariscas em uma corrente, empurra as mãos dela com tal força que elas se fazem de palmatória, uma contra a outra. Então Soledad mostra o quanto ele e aquela festa são pequenos. Porque com a dor de carnes rasgadas a navalha, ela grita:

– Viva Fidel!
– Grita "Parabéns".
– Viva o socialismo!

– "Parabéns." Assim...

E empurra aquelas mãos pequenas mais uma vez. Aquelas duas mãozinhas que ele sabe virem de alguém que fala russo, inglês, espanhol, português, guarani com igual calor e fluência. Aquelas mãozinhas projetadas desde o destemor de Rafael Barrett, avô de Soledad e hermano do povo paraguaio, aquelas delicadas mãos resistiam, não mais pela força física, inferior à do marido, mas por um espírito de beleza, de orquídea, de todo organismo mais vivo, que só se mata matando igualmente a beleza. Assim como as pétalas machucadas perdem o viço e murcham, e essa é a resistência das pétalas arrancadas, as mãos de Soledad batiam-se, mas frouxas, pendentes, sem vida. Pendiam abertas como vulva estuprada. Como vulva que se bate e se violenta, mas então já não é mais vulva viva e agradecida. E por isso grita mais alto:

– Viva Che!

Então Zenilton, o pequeno impostor, ao ouvir e escutar "Viva Che", não se faz de rogado em sua brincadeira, que imagina ser da mais profunda ironia. Ao escutar "Viva Che", responde, de joelhos para Soledad, com os braços abertos de um jogral de bufões:

– Viva Médici!

Ao que Sol responde:

– Viva Che!

E ele:

– Viva Médici!

Então todos riem e gargalham, porque esse louco Zenilton é mesmo um camarada impagável. Anselmo, não. Ao ouvir aquela referência, volta à sua pele Daniel e comenta com um insinuante sorriso:

– Companheiro, Médici, não, por favor.

Mas o camarada Zenilton é mais impagável, porque retorna:

– Viva Hitler! Vamos, viva Hitler!

– Viva o socialismo! Viva a fraternidade dos povos!

Sol, Soledad, se nesse transporte não cuidasse da conveniência do pudor que cerca os padres, teria levantado a saia e mostrado a todos as marcas de navalha feitas em suas coxas, em forma de suástica. Não chega a tanto, mas sabedora e cônscia dessa urtiga que lhe arde na pele, grita mais alto:

– Viva o socialismo!

Então até os padres ouvem. Até os padres embriagados de álcool isso podem ouvir e escutar. Mas à sua forma, modo e estado. Aplaudem-na. Aplaudem-na como se aplaude o clímax de um espetáculo. Aplaudem-na apoteoticamente. Então Anselmo larga Soledad para também aplaudi-la. Para aplaudi-la com o maior entusiasmo. E pode até mesmo responder, em obediência ao clima:

– Viva Sol!

E todos respondem em coro:

– Viva Sol!

Soledad, em seu canto, ao ouvir os sucessivos "Viva Sol", apenas escuta coros de trabalhadores, de homens negros de Cuba. E por isso chora sem nenhuma mistura. Chora largo, aberto e incontrolável. Padres e convidados aplaudem tão irreprimível felicidade. Zenilton dá o tom final da farsa. Ergue-se e se dirige a Daniel:

– Posso beijá-la?

Ao que Anselmo responde:

– Pode. Eu concedo.

E Zenilton a beija, erguendo-se na ponta dos pés. Ele então era o palhaço, o impagável Zenilton. Na fim da década de 1990 eu o revi, mas achei melhor não reencontrá-lo. Estava velho, precocemente velho, calvo, de barbas longas e esbranquiçadas, como se fosse um Walt Whitman de caricatura. Bebia sozinho em um bar da rua do Riachuelo. Ali era o seu ponto, me contaram, ali era o lugar onde se encontravam ex-esquerdas. Não era preciso sentar-se a seu lado para saber que se tornara um homenzinho amargo, que substituíra a antiga alegria pela mordacidade, pelo azedo irônico. Estava grave e infeliz na sua solidão.

12

Chegamos aqui ao mais difícil de escrever, de narrar, de contar. Com a mão na testa, ponho-me a refletir. A primeira frase que me vem, sem aviso, é: passei 37 anos para entender e contar este momento. Mas quando isso me digo, sinto que deveria esperar mais 37 anos, se mais vida eu tivesse. Para não mergulhar no lusco-fusco, aurora ou escuridão de uma probabilidade, entro e começo com as poucas ferramentas que consegui ao longo destes anos. Mas invoco a paciência e a coragem dos que me leem, porque preciso de ajuda nesta difícil travessia.

Eu e Ivan escapamos no minuto final. Em momentos de desânimo me pergunto para quê; em momentos de ânimo, me digo, eu sobrevivi para escrever este livro. A vida é uma ordem, mesmo quando falamos de sua destruição. Resta dizer por que escapamos, e se isso não conseguir explicar, pelo menos devo dizer como pulamos fora do vórtice, do olho do furacão.

A minha sorte foi estar com Ivan, no dia e na hora em que ele, não sabemos a razão disso até hoje, de repente achou de ligar para a sua casa, antes de lá chegar. Mas devo dizer que, nas circunstâncias da ditadura Médici, esses repentes eram cabíveis, quase naturais, porque todos vivíamos à beira da queda. Então sua irmã lhe disse: "Os seus amigos estiveram aqui. Estão à sua procura", e desligou. As palavras em 1973 possuíam um significado, uma sintaxe, que aos mais jovens hoje pode escapar. "Amigos", a depender da entonação, era mais perigoso que "inimigos". A reprodução factual do sentido deveria expressar que a sílaba tônica "mi" vinha bem pronunciada, e de tal forma que o "a", anterior, era uma negação clara do substantivo. A voz que dizia a palavra devia também ter um calor distinto, artificial, soturno. A isto, na curta frase da salvadora irmã, seguiu-se o "à sua procura". Terrível e anunciativo, procurar era um verbo condenado a partir dos cartazes "Terroristas – procuram-se". A tradução que demos foi imediata. Anselmo (Daniel), sobre quem havia suspeitas, passara aos atos finais do seu trabalho. Então fizemos meia-volta, rápido. Quatro dias depois recebemos a confirmação do pesadelo. Todos os jornais anunciavam na primeira página:

"Segurança acaba com terror no Grande Recife", no *Diário de Pernambuco*. "Seis terroristas mortos em Paulista", no *Jornal do Commercio*, do Recife. "Desarticulado um reduto terrorista em Pernambuco", na *Folha de S.Paulo*. Todos publicavam a nota oficial dos órgãos de segurança, segundo a qual a polícia descobrira um grupo da Vanguarda Popular Revolucionária [VPR] e o surpreendera em um congresso na chácara de São Bento, localizada no município do Paulista, na região metropolitana do Recife. E que, chegando ao local, os policiais deram voz de prisão aos militantes, que reagiram, travando-se uma troca de tiros.

As notícias dos jornais disseram e continuarão a dizer, pois a cumplicidade com um crime é permanente, que Soledad e companheiros foram mortos em 8 de janeiro de 1973. Mas em uma ditadura nem as datas dos jornais são verdadeiras. Por exemplo, Soledad morreu em 7 de janeiro. A vida de Soledad ganhou mais um dia apenas nos tipos impressos das folhas. As indicações são de que repressão e imprensa fizeram um acordo entre as datas dos seis assassinatos de socialistas no Recife, da primeira à última execução em 8 de janeiro. É claro, nada houve como nas manchetes dos jornais de todo o Brasil, "seis terroristas mortos em tiroteio". O horror que vem da verdade é tamanho que a mentira se acomodou fácil na mais confortável versão. Foram seis homicídios, todos unidos e simplificados em um aparelho da chácara São Bento, um sítio na região metropolitana do Recife. Todos, pelo anúncio dos jornais, perigosos terroristas, que resistiram à bala ao cerco das forças da ordem. Mas só depois de mortos se fez a maquiagem nos jovens socialistas: com tiros, para melhor coerência do suplício com o papel dos jornais. Pauline Reichstul, José Manuel, Soledad Barrett, Evaldo Ferreira, Jarbas Pereira, Eudaldo Gomes.

Dói-me a cabeça, a consciência, não falar sobre cada um desses jovens, sobre a dignidade, sobre o sacrifício maldito e brutal de cada um deles. Por isso os nomeio e registro, para grafá-los e gravá-los não em mármore, mas em palavras: Pauline, José, Soledad, Eudaldo, Jarbas, Evaldo. É imperioso, portanto, algo além dos seus nomes, que fazem o rastro do Cabo Anselmo.

Registro em primeiro lugar o meu amigo Júlio, que era Jarbas Pereira, conforme soube depois. Sobre ele, Mércia Albuquerque, advogada fundamental, declarou na Secretaria de Justiça de Pernambuco, 23 anos depois:

> Três dias antes de sua morte, Jarbas me procurou à noite e entregou fotografias da família, uma fotografia que dizia ser do cabo Anselmo, e mais Carteira de Trabalho, Certidão de Casamento, Certidão de Nascimento e Certificado de Reservista. Ele me disse que estava para ser preso e que Fleury se encontrava no Recife com a sua equipe, e que o Cabo Anselmo usava os nomes de Daniel, Jadiel, Américo Balduíno, que o Cabo era companheiro de Soledad, mas ele já havia

descoberto que esta pessoa era infiltrada na organização, daí porque ele estava muito assustado [...] que ele estava vivendo momentos de muita angústia e amargura, porque ele não tinha pessoalmente nada a ver com as prisões e mortes de companheiros, sobre quem ele falara ao Cabo Anselmo, e que o Cabo havia tomado conhecimento. Jarbas era um tipo romântico, ingênuo, e eu conversei com ele, pedi que ele fugisse, mas ele se negou dizendo que isso não faria pela segurança da filha e da esposa. Eu pedi que ele deixasse a criança sob meus cuidados, mas ele me falou que não ia levar Tércia Rodrigues para uma aventura, porque ela era uma pessoa frágil e seria também assassinada.

De Pauline, Eudaldo, Evaldo, José Manoel, assim registra o livro *Direito à memória e à verdade*:

Pauline Reichstul nasceu em Praga, em 1947, filha de judeus poloneses. Seus pais eram sobreviventes da Segunda Guerra e se casaram depois de encerrado o conflito. Viveram primeiramente na Tchecoslováquia, onde Pauline nasceu. Quando a menina tinha 18 meses, a família mudou-se para Paris, onde viveu até 1955, voltando então a migrar, agora em direção ao Brasil.
Com oito anos de idade, Pauline foi estudar no Liceu Pasteur, em São Paulo. Viveu também no Estado de Israel, por um ano e meio, onde trabalhou e estudou. Depois de curtas estadas na Dinamarca e na França, fixou residência na Suíça em 1966, primeiramente em Lausanne e depois em Genebra. Completou o curso de psicologia na Universidade de Genebra em 1970. Nesse período, passou a ter contatos com movimentos de estudantes brasileiros de resistência ao regime militar. Trabalhou com vários órgãos de divulgação na Europa denunciando as violações de Direitos Humanos no Brasil, em especial as torturas e mortes de militantes. Foi namorada e depois esposa de Ladislas Dowbor, dirigente da VPR banido do país em junho de 1970, quando do sequestro do embaixador alemão no Brasil.
Apesar de perfeitamente identificada pelos órgãos de repressão, Pauline foi sepultada como indigente no Cemitério da Várzea, em Recife. No dia 12/01/1973 foram autorizados a exumação do corpo e o traslado para São Paulo. Após a aprovação do processo na Comissão Especial de Mortos e Desaparecidos Políticos [CEMDP], o irmão de Pauline, Henri Philippe Reichstul, ex-preso político e ex-presidente da Petrobras, criou uma fundação com o objetivo de investir em projetos sociais a indenização recebida pela família. [...]
Eudaldo Gomes da Silva era pernambucano de Bom Conselho e foi o quarto militante banido do país a ser morto depois de regressar ao Brasil para retomar a luta clandestina contra o regime militar. Seu pai era carpinteiro do Colégio 2 de Julho, em Salvador (BA), o que lhe permitiu estudar ali até concluir o curso secundário. Em 1965, ingressou na Escola de Agronomia na Universidade Federal da Bahia, onde foi membro do DCE [Diretório Central dos Estudantes] e do Diretório Acadêmico de sua faculdade. Fez parte da delegação baiana ao congresso de Ibiúna, em 1968.
No final de 1969, engajado na militância política, optou por não concluir o curso, dirigin-

do carta aos seus colegas de turma, onde justificou o gesto de não colar grau afirmando que seu compromisso maior era lutar contra a ditadura. Em maio de 1970, já na vida clandestina e militando na VPR, foi preso no Largo da Glória, no Rio de Janeiro. Participava de tarefas relacionadas com o sequestro do embaixador da Alemanha, o que não revelou aos órgãos de segurança quando interrogado sob torturas. A VPR manteve o plano de sequestro e Eudaldo foi banido do Brasil no dia 15/06/1970, com mais 39 presos políticos trocados pelo embaixador Von Holleben. Da Argélia, seguiu para Cuba, onde fez treinamento militar. [...]

Gaúcho de Pelotas, Evaldo [Luiz Ferreira de Souza] tinha sido marinheiro, companheiro do Cabo Anselmo nas mobilizações ocorridas na Armada durante o período que precedeu a derrubada de João Goulart. Participaram ambos da Associação dos Marinheiros e Fuzileiros Navais. Evaldo ficou preso por nove meses depois de abril de 1964, sendo expulso da Marinha. Ao ser libertado, retomou sua militância política, vinculando-se ao MNR [Movimento Nacionalista Revolucionário]. Em 1966, foi julgado e condenado a cinco anos de prisão. Optou pelo exílio, onde estreitou seus laços de amizade com o agente Anselmo. Ficou oito anos no exterior, cinco deles em Cuba, onde recebeu treinamento de guerrilha com o objetivo de regressar ao Brasil. Não foi possível esclarecer as verdadeiras condições, local e momento da prisão. [...]

José Manoel [da Silva] foi cabo até ser excluído dos quadros da Marinha, em 1964, por sua participação nas mobilizações dos marinheiros. Vivia legalmente no Recife, com sua família. Foi enterrado como indigente no Cemitério da Várzea, na capital pernambucana. Algum tempo após sua morte, a esposa Genivalda foi presa e estuprada. Dois anos mais tarde, em 1975, final do prazo em que as ossadas de indigentes são retiradas para incineração, receosa de novas represálias, não reivindicou os restos mortais do marido, mas com a ajuda do coveiro conseguiu retirar os ossos e os enterrou junto a uma árvore na entrada do cemitério, dentro de um saco plástico. Somente 22 anos depois, a ossada foi retirada e liberada para a família. Em março de 1995, os restos mortais de José Manoel foram levados para sua terra natal, Toritama, sendo ali enterrados.*

Esse é o registro de suas mortes, em linhas de um prontuário. Mas assim como em uma queda de um avião, ou de um ônibus que desce ao precipício, ou de um elevador que rompesse o teto e se lançasse ao céu e caísse na margem do Capibaribe, assim como somos escolhidos pelas vítimas que mais fundo nos ferem, contarei mais profundo a morte de Soledad Barrett Viedma. Escrevi a frase anterior e sei que fui injusto, impreciso. Porque aqueles assassinatos não foram como um desastre de avião, como a queda de um ônibus. Naquelas mortes não interferiram o acaso, o azar, a imperícia, a falha, um aglomerado de coisas físicas e mecânicas. Aquelas mortes não precisavam de veículo para que existissem.

---

* Comissão Especial sobre Mortos e Desaparecidos Políticos, *Direito à memória e à verdade* (Brasília, Secretaria Especial dos Direitos Humanos, 2007), p. 329-31. Disponível em: <http://www.presidencia.gov.br/estrutura_presidencia/sedh/arquivos/livrodireitomemoriaeverdadeid.pdf>. (N. E.)

Precisavam de um bom delator, que por ser frio ainda assim não é metal. Anselmo dirá, como já disse, que foram as próprias vítimas que se mataram, em razão da escolha que elas, os mortos, fizeram. E como bom defensor do poder daqueles anos, pergunta: "Quem mandou? Quem mandou terem esse tipo de vida?" "Estava escrito", conclui. E assim como o excelente espião transforma o possível e os mortos verdadeiros na mentira do seu ofício, aqui Anselmo conclui o "estava escrito" em uma infernal versão. De fato, estava escrito, aquelas pessoas, tão diferentes entre si, tinham suas mortes decretadas em uma sentença do destino. Mas antes de se nomear o angustiante destino, o mau fado, como o outro nome da militância socialista, diga-se que um dos nós, articulação das falanges desse terrível destino, talvez o mais preciso, foi de José Anselmo do Santos. Aqueles nós daqueles dedos finos e longos de aparência frágil e inofensiva. E apontá-los como decisivos das execuções, "apontar" com o significado de dedo que denuncia, é também ambicionar o real.

Essa mudança de direção do fado, aquele do qual se diz que "estava escrito", não é mudança formal, retórica, de uma peça de promotoria. Todos, em combate contra a ditadura, jamais esperaram vida boa, fácil, de paz e em paz. A queda – a prisão, a tortura, a morte – era uma possibilidade clara, talvez até a mais provável, cedo ou tarde. Mas não estava escrito que o fado, como um fardo que se carrega, fosse cortado e roubado pelo companheiro com quem se caminha. Esperava-se, para aquele fado, um combate aberto, uma baixa ou baixas em ação. De repente, em um assalto a um banco, o alarme soaria, policiais de repente saltavam, e como em toda batalha aberta, haveria mortos. Ou de repente, por se ter uma vida suspeita em casa, em razão de uma palavra insensata dita em uma feira, na rua, de repente a casa onde se morava cairia. Esse fado era previsível, era uma das cláusulas do contrato de risco, implícita. Contrato de um *rendez-vous* com a morte. Mas ninguém jamais esperou ser mordido pelo sorriso do irmão. Do talvez mais caro irmão, do esposo e companheiro. Chegamos agora mais perto de Soledad Barrett Viedma. Excluo-me, na medida do possível, da qualidade daquele que a amou em silêncio.

Há quem considere que a morte de Soledad, nas circunstâncias que conhecemos mais tarde, deu-se em razão de sua ternura. Isso é mais que um namoro, um interlúdio, para dizer que ela esculpiu a própria sorte, porque, diabo, era terna e verdadeira. Com a evidência de um escândalo. Prenhe de ternura até as raias do suicídio. Esse elogio torto, digno da reencarnação e pele de um Anselmo 2, é como um açúcar no sal de sua execução. Um doce, um mel, a lhe correr sobre os lábios entre coices, descargas elétricas e afogamentos. Conviria melhor ser dito que ela, por suas qualidades raras de pessoa, estava condenada. Que por sua graça e luz de mulher – aquela onde não se cola a pornografia – tinha todas as qualidades de chamar o suplício. Isso é um desvio retórico, mais uma perversão que elude e ilude o caráter cruel do seu assassinato. Porque então estaria condenada porque era bela, antes mesmo do aperfeiçoamento estético de sua face quando grávida. Antes da concreta organização do feto, a que se viu obrigada a expulsar por meios ferozes e mecânicos. O ar suave de madona em suplício, que lhe vi em sua última festa, ainda não havia tomado conta de si no dia em que a visitamos em casa. Soledad, naquela ocasião, talvez não estivesse grávida. Ela não carregaria ainda uma concreção de cujo sexo jamais tivemos notícia. Então Soledad era Sol, promessa, futuro e presente. Gostaria de ter junto a mim sempre a visão que dela tive nesse encontro. Um regalo para os olhos. Quem a viu somente ali, sempre a recordará como uma pessoa carinhosa, *guapa* e linda em mais de um sentido. Para os olhos, para a inteligência, para o espírito, para o coração. Não sei, e aqui passa uma sombra, não sei se realizamos em nós os anos vindouros por sinais, por antecipações. Como se fôssemos um porvir precoce por indícios. Namy, a sua irmã, disse mais tarde que aos cinco anos Soledad contava histórias entre longos suspiros, como se arrancasse do íntimo velhas histórias, e que por isso a chamavam de *Viejita*. Mas isso foi antes, bem antes de ela vir ao Recife. Irmã Célia me contou depois – depois de tudo – que Soledad não queria aquela festa, porque não desejava ter a certeza de que seria a sua última. Assim agia à semelhança de quando evitamos alguma coisa terminativa, na tola superstição, talvez, de que se não passarmos por determinada ponte, por exemplo, evitaremos o fim dos nossos dias. Sim. Mas talvez também porque julgava a festa descabida, inútil e vã. Irmã Célia disse que ela se referia à festa como "reacionária", e que por isso, como última vontade, não a queria. Com a palavra "reacionário" – um poderosíssimo adjetivo na luta – ela chamava tudo que lhe causasse ódio, desprezo, furor. E que por ser reacionária, a irmã, em acordo com os padres, a enganou. Como um engano de destino. A irmã e os padres a enganaram, é certo, mas com o consentimento do amado esposo, sem dúvida.

Como um espírito em mim, sinto e sei agora que minha letra muda, porque entro nos motivos dessa recusa, que Sol não contava.

Soledad tivera, de fato, um presságio. E aqui somos obrigados a escrever "de fato" como uma concreção do invisível, como se o não acontecido no cotidiano desperto, durante as horas de vigília, adquirisse o direito de existência. Se me perdoam a vulgaridade da frase, é como se um sonho fosse um ente com registro em livros de escrivão. No Cartório de Registro dos Sonhos.

Há um trecho da vida – houve um trecho naquele presságio – em que as fronteiras entre o possível e o impossível, entre o imaginável e o inimaginável, entre o sonho e o cotidiano, ou entre o subjetivo e o objetivo, como Soledad e companheiros gostavam de dizer, e com "objetivo" queriam também dizer a realidade mais brutal e bruta, há um trecho da vida em que essas fronteiras são rompidas, melhor, são confundidas, melhor ainda, são borradas e se perdem em absoluto as fronteiras. Os psiquiatras, em sua simplificação da alma, dariam a isso o nome de processo esquizofrênico. Mas não trato aqui de um diagnóstico. Desejo, se muito não for, acompanhar o real além da convenção, o real que a tudo envolve. Para melhor expressar o que houve, mergulhemos em Soledad Barrett Viedma, no tempo das vésperas dos seus 28 anos.

T, T, T, T, T. TTTT, T. No princípio ela viu e eram três cruzes. Melhor, no princípio era um T isolado. Depois se acompanhou de outros Tês, mais quatro. Depois houve um espaço, um hiato, até um T longe, que, ela bem notou, ganhava familiaridade e elos com os Tês primeiros, e com muitos outros Tês ocultos. No sonho, nos sonhos, que guardavam uma coerência de enredo, ou melhor dizendo, que guardavam uma coerência entre si, que guardavam uma relação interna como se fossem capítulos de uma narração na qual tudo em uma noite não pudesse ser dito, no sonho de uma noite havia o limite do espaço de "exposição", de expor o contável, o narrar breve, havia uma contradição entre o que o sonho sabia e o limite físico do que podia ser exposto, daí que os sonhos se faziam referência, ligavam-se, conectavam-se, em camadas distintas em dias distintos, como se dissessem, "na noite anterior", e retomassem a narração em outro ponto. Nos sonhos surgiu um T, surgiram os Tês, e esses Tês a confundiam durante a vigília, durante as horas do dia em que andava e falava e agia, como se desperta e letárgica estivesse. Mas esses Tês – cruzes que ela relutava em decifrar – entraram como elemento de reforço ao que ela sentira, pressentira antes, bem antes.

Ora, desde setembro, a partir de setembro de 1972, Sol começara a sentir que um perigo a rondava. Isso ela não disse – não informou – aos companheiros, mas sentia. E como mesmo, ela quase se perguntava, como ela poderia dizer que sentia um perigo, quando todos não viviam nem respiravam outra coisa a não ser o perigo, o risco, a possibilidade de uma queda, a sepultura do "cair"? Como dizer isso ou disseminar uma suspeita infundada, do vizinho, do vendedor de pipocas na esquina, do mendigo que batia à porta, do carteiro que deixava uma correspondência? Seria o mesmo que pôr fogo em um rastilho de pólvora de paranoia. Mas isso, um perigo palpável, uma sombra de carne e osso, um fantasma de músculos e dentes ela sentia: um perigo vinha crescendo e a rondava. Mas onde? Ela olhava para os quartos, para as paredes, para o teto, para os sapatos, para a cama, e não determinava com exatidão concreta e certa o perigo. A casa física onde habitavam iria cair? O teto viria abaixo, era isso? Ou, perigo maior, a casa, o ponto onde moravam, iria cair em breve, cercada, fuzilados todos em casa, era isso? Voltava à cama, ao quarto.

Havia um cheiro de jasmim. Embriagante, pleno, perseguidor. E então, assim como os personagens que têm uma sina, e todos os acidentes, até o incidental canto de um pássaro, vêm compor, vêm a propósito de sua trajetória, Soledad começou a pôr nas coisas os indícios do perigo que a rondava. Isso pensamos, a distância. Mas não seria mesmo um aviso tudo, todas as coisas naquela altura das vésperas dos seus 28 anos? Não haveria mesmo um concerto, uma conspiração, um acúmulo de coincidências, e tão cumulativas, que se devia a elas dizer, "vocês, coisas, fazem uma canção dos meus últimos dias"? Pois foi naquela altura, naquele verão de 1972, que ela sentiu e pôde quase degustar, como se fosse a vez primeira, pois lhe veio o sentimento de que nunca mais perceberia nada semelhante, pois foi naquela altura que a perseguiu um cheiro de jasmim. De jasmins. De nuvens e ondas de jasmins. Era um perfume de entontecer, de tomar conta da gente, de pôr a mais remota carne a sonhar. Havia naquela casa, na Ladeira do Bonfim, um jasmineiro. Ele ficava no jardim, próximo ao quarto de Sol. Enquanto ele não se denunciava pelo cheiro, pelas flores delicadas, miúdas e brancas, enquanto não florava e recendia no verão, ele não era nem se notava. Pelo menos até o dia em que o vento, ou a maturidade do tempo, derrubasse as florzinhas pequenas pelo chão, que se estendiam em um tapete de essência, o jasmineiro não era. Tão essência eram suas flores e pareciam restos decompostos no jardim, como se fossem uma coisa suja, um dejeto, um excremento de vegetal, quando caíam, e se mostravam deitadas e amontoadas, como se estivessem a manchar e atrapalhar a visão das flores que fazem bem aos olhos. No entanto, aquele branquinho sujo no jardim, quando em viço, quando posto nos galhos da trepadeira, que perfume embriagador espalhava por toda a casa. O perfume fazia da casa aposentos, câmaras de estar. Tão belas no vigor, e tão *basuras* quando caídas. Tão fundamentais na vida, tão repelentes quando mortas. Haveria naquilo, haveria nas flores do jasmim algo a se enquadrar, a se organizar, havia ali alguma coisa orgânica com as cruzes, com os Tês dos sonhos?

Soledad então se aproximava das mulheres de sua infância, das índias que ouviam vozes, que, até mesmo, conversavam com personagens que o comum da gente não via. Sem tempo nem vontade para tais superstições, ela não deixava de refletir tudo em uma angústia de pele, em uma psoríase, que avultava em surtos. E ficava em pêndulo, parecia, entre a realidade da pele e o encanto, entre as manchas e um ar de idiota, entre a lágrima e o sorriso belo, sem explicação. Um beija-flor cruzava a sala onde lia, um beija-flor vindo do jasmineiro talvez, então ela tocava o ventre, como se uma relação houvesse entre o delicado pássaro e o seu delicado fruto. Ela sorria e tinha vontade de cantar "La navidad de Juanito Laguna". Mas isso a entristecia tanto, apertava-lhe o peito com uma dor tamanha, que ela, por pressentir um horror, tirava rápido e nervosa as mãos do pressentido, como se levasse um choque. Soledad não sabia, mas tudo nela havia se tornado uma precognição. Aquilo que é desejo, um desejo irrealizado, de tolos, que tenhamos ou tivéssemos uma vida para ensaio e outra para viver, Sol realizava em seus últimos dias, mas não como uma fortuna, não para toda uma existência. Os sinais vinham se acumulando. Os sinais vinham compondo uma tela, um difícil bordado, que ela compunha, antecipava, mas cuja visão e rosto preciso ela não via. A cara de Anselmo, no conjunto dos sinais, ela não via. Não tanto porque a desconfiança não lhe houvesse batido à percepção. Mas porque isso era tão horrível que o seu senso estético repugnava. Uma coisa que o seu peito de justiça não queria nem podia aceitar. E recuava, no mesmo passo em que os indícios cresciam. Mas o Cartório de Registro dos Sonhos existe, ainda que fora do domínio civil de uma cidade. Ele existe ao lado dos lugares onde se bebe, come-se e morre-se. Os seus documentos, se não têm efeitos legais, recuperam no real os direitos. Os sonhos, quando muito fortes, os pesadelos, quando inescapáveis, tornam-se tangíveis. Houve então um momento em Sol, houve um espaço e lugar nas suas antevisões, em que se passou do antes para o agora, sem mediação para o horror que jamais havia se apresentado com a sua cara. Nas representações anteriores, nos indícios, não se mostrava assim tão claro.

– Por quê? Por quê?!

A pergunta que Soledad não se fizera diante das imagens que a perseguiam nos últimos meses, por quê?, qual a razão delas, agora à luz do dia em Boa Viagem, em uma butique da ensolarada praia de Boa Viagem, aonde ela foi para vender roupas, onde ela está com Pauline, ali, sob a prazenteira luz física do Brasil, a pergunta pelas razões dos sonhos e pesadelos que ela não se fizera, agora vem com um susto, um terror, diante do real bruto. José Anselmo dos Santos se encontra entre os homens que lhe batem na cabeça com armas e punhos.

– Por quê? Por quê?

Pauline está muda e petrificada, incapaz de correr e falar. Soledad olha para os olhos do homem que pensara ser o seu companheiro, e isto, esta realidade, o pesadelo por guardar uma altura ética jamais mostrou. O pesadelo fora incapaz de exibir toda a crueza. Anselmo não sorri agora, sorrirá depois, quando lhe perguntarem:

– Você dorme bem?

– Putz, tranquilamente.

Ou mais textualmente:

– Você dorme tranquilo? Nunca sentiu pesadelo durante a noite? Não tem remorso pelo que fez?

– Absolutamente (risos)...

Por enquanto, não, agora na butique em Boa Viagem ele não ri, embora a cena lhe pareça um tanto cômica.

– Por quê? Por quê?

Ele apenas assiste ao espancamento e suplício. Como uma prova de que é contra esses terroristas. "Eu tomei conhecimento de que seis corpos se encontravam no necrotério [...] em um barril estava Soledad Barrett Viedma. Ela estava despida, tinha muito sangue nas coxas, nas pernas. No fundo do barril se encontrava também um feto." Quando Mércia

Albuquerque declarou essas palavras, não era mais advogada de presos e perseguidos políticos. Estava em 1996, 23 anos depois do inferno. Mércia estava acostumada ao feio e ao terror, ela conhecia há muito a crueldade, porque havia sido defensora de torturados no Recife. Ainda assim, ela, que tanto vira e testemunhara, durante o depoimento na Secretaria de Justiça de Pernambuco falou entre lágrimas, com a pressão sanguínea alterada em suas artérias. Dura e endurecida pela visão de pessoas e corpos desfigurados, o pesadelo de 1973 ainda a perseguia: "Soledad estava com os olhos muito abertos, com uma expressão muito grande de terror". No depoimento da advogada não há uma descrição técnica dos corpos destruídos, derramados no necrotério. Mércia Albuquerque é uma pessoa que se fraterniza e confraterniza com pessoas. "Eu fiquei horrorizada. Como Soledad estava em pé, com os braços ao lado do corpo, eu tirei a minha anágua e coloquei no pescoço dela." Distante dos manuais exatos da medicina legal, a advogada Mércia não se refere a cadáveres, mas a gente. Chama-a pelos nomes, Pauline, Jarbas, Eudaldo, Evaldo, Manuel, Soledad. Recorda a situação vexatória em que estavam – porque eram homens e mulheres –, despidos. O seu relato é como um flagrante desmontável, da morte para a vida. É como o instante de um filme, a que pudéssemos retroceder imagem por imagem, e com o retorno de cadáveres a pessoas, retornássemos à câmara de sofrimento. "A boca de Soledad estava entreaberta."

Podemos mais, nesse filme que recuamos para antes do terror como um desenvolvimento. E ao voltar, fazemos uma grave descoberta. Se dissermos que havia na pessoa de Soledad o seu caráter, nada demais estaremos dizendo. Assim ela era como personalidade e assim era o seu todo, da suavidade ao calor, à paixão, à inteligência. Se essa visão não é simples, é, pelo menos, quase óbvia. Mas vemos uma coisa que não sabemos se grata, mas que é séria, algo de que jamais desconfiávamos, e por isso jamais imaginamos descobrir: Soledad era uma encarnação de palavras. Isso não é metáfora, nem muito menos "recurso estilístico". Aqui chegamos a um estágio em que o melhor é narrar colado aos fatos e à sua complexidade.

Pesquisadores já escreveram que, de um ponto de vista genético, todos temos significativa herança dos avós. Mas Soledad, mais que uma herança genética, era filha do seu avô. Em espírito e vida, era filha do escritor Rafael Barrett. Isso dito assim, escrito nessa frase, é informação que nada explica nem permanece. Porque é necessário que se diga, mais que se informe, que o escritor Rafael Barrett era um homem anarquista, um intelectual anarquista do começo do século XX, e mais, e aqui nos aproximamos do destino de Soledad. Rafael Barrett era, é um escritor poderoso, um artista dos incomuns, dos que fazem obra com o seu pensamento e vísceras. Falecido aos 34 anos, em 1910, foi um espanhol que amou o povo paraguaio com uma dedicação apaixonada, louca, universal, com os olhos críticos contra a podre sociedade de então. Mas tudo que acabo de dizer soa como retórica, como oco panegírico, se não transcrevemos palavras suas, para notar em que esse escritor era mesmo tão bom, fecundo, adivinhatório. "Às vezes é necessário um motim para restabelecer a ordem", esclarecia. Rafael Barrett poderia ser um humorista, com o seu brilho para o paradoxo, se não tivesse os pés metidos no charco, no Chaco, urgente. Ele parecia ter a consciência clara do quanto os seus curtos dias punham a sua vida no urgente. Nele há pensamentos que, dirigidos aos paraguaios, atingem os paraguaios de todos os países do mundo. "Enquanto a dor não te queime as entranhas, enquanto um dia de fome e abandono – pelo menos um dia – não te vomite para a vasta humanidade, não a compreenderás." E como um chamamento – profético – seguido por Soledad Barrett, hoje vemos: "Preparem suas crianças para que vivam e morram sem medo". Quando adentramos o espírito de Rafael, quanto mais o pesquisamos, mais ficamos em espanto com a solene descoberta, solene porque não só grave, mas séria: Soledad Barrett encarnou o mundo de palavras desse gênio. Ainda que passemos ao largo de estranhos acasos – estranhos para não dizê-los impressionantes; acasos, para não dizer coincidências – como os dias de nascimento de Rafael e morte de Soledad, 7 de janeiro de 1876 e 7 de janeiro de 1973, um dia depois do aniversário de Sol em 6 de janeiro, ainda assim há na formação e últimos instantes de Soledad uma encarnação das palavras de Rafael Barrett: "Por isso o mais forte do homem é uma idéia que não se curva". Parece-nos, quando o filme retorna à posição do seu corpo no necrotério, uma fé, concreta e tangível e indubitável, no valor das palavras, nas consequências da palavra, como um vigor realizado que descobre e faz crescer pensamento. Um pensamento que foi até o sangue, real, doloroso – até a derradeira expressão, quase diria, mas que não é derradeira, porque é da natureza do pensamento a frutificação.

"Muerte de Soledad Barrett", belo poema de Mario Benedetti, não poderia jamais adivinhar o suplício da morte de Soledad, quando diz:

> *los cables dicen que te resististe*
> *y no habrá más remedio que creerlo*
> *porque lo cierto es que te resistías*
> *con sólo colocárteles en frente*
> *sólo mirarlos*
> *sólo sonreír*

Esse poema, que faz Soledad atravessar uma reta de melancolia nas ruas de Montevidéu, não poderia crer que ela fosse atraiçoada de maneira e forma tão desleal. Porque não há como resistir – bater-se de frente contra – quando se é atacado por trás de um modo que indecisos ficamos em qualificá-lo de covarde, canalha ou infame. Como se pode esperar – para assim resistir – o ataque de um filho ou de alguém a quem se ama? O poema de Benedetti, escrito no calor da hora, sob o impacto dos informes da Secretaria de Segurança Pública de Pernambuco que relatavam ter sido um centro de guerrilha destruído, é poesia cuja construção de beleza cresce ainda hoje, quando recorda a vida de Soledad, não exatamente as circunstâncias miseráveis de sua morte:

> *con tu pinta muchacha*
> *pudiste ser modelo*
> *actriz*
> *miss Paraguay*
> *carátula*
> *almanaque*

Ainda assim, comovente, quando o poeta imagina a morte de sua musa com um fim piedoso, assim como imaginamos, todos nós, mortais para quem a morte não pode ser mais cruel que a própria morte, e olvidamos, e esquecemos, e não queremos ver que as circunstâncias da morte podem torná-la ainda mais cruel.

> *ignoro si estarías*
> *de minifalda o quizá de vaqueros*
> *cuando la ráfaga de Pernambuco*
> *acabó con tus sueños completos*

É natural que, por não saber, por ignorar o que de fato houve, mal finda a leitura das notícias trazidas por telegramas, é natural que o poeta recue ante a maior crueldade. Pois que fim grandioso seria, ainda que duro e doloroso, que belo fim seria a morte sob *ráfagas*, rajadas de metralhadoras, lufadas de vento, raios de luz de balas de Pernambuco! Os corpos, quando metralhados, sobem. Dizem que sobem sob o impacto dos tiros. E assim atingidos com tal profundidade e rapidez, sob os clarões do fogo, sobem e caem sem vida. Quase, se nisso não veem cinismo, é quase como um fim sem dor. Terrível, mas ainda não foi assim, sob *ráfagas* ou rajadas de metralhadora. "[...] *por lo menos no habrá sido fácil / cerrar tus grandes ojos claros.*"

Não, grande e terno poeta, a Soledad que conheceste em Buenos Aires, em Montevidéu, a bela e graciosa e feliz mulher, porque vivia no que acreditava, porque lutava para um mundo fraterno, porque se entregava ao mundo como quem se doa a uma fraternidade, estava na verdade, quando pela covardia foi apanhada, com os olhos sem que se fechassem. Os dela estavam uma câmera que refletia em instantâneo o perverso das luzes. "Soledad estava com os olhos muito abertos, com expressão muito grande de terror", assim registrou esse instantâneo a advogada Mércia Albuquerque. Do país onde te encontravas, Benedetti, apenas com a dor da perda e a memória da vida de Soledad, é natural que somente pudesses escrever, no calor da urgência, quando te referiste àquelas duas câmeras no rosto de Sol, com o amor que despertaram em ti:

> *tus ojos donde la mejor violencia*
> *se permitía razonables treguas*
> *para volverse increíble bondad*

Silêncio. Entram a "*Romanza para violin y orquesta n. 2*" e o terror. O mais piedoso é o silêncio. Uma pausa, um parágrafo. Passemos ao largo, se quisermos, o parágrafo seguinte pode ser ultrapassado de um salto, assim como editamos com os olhos uma crua imagem no cinema.

O que mais me impressionou foi o sangue coagulado em grande quantidade. Eu tenho a impressão de que ela foi morta e ficou deitada, e a trouxeram depois, e o sangue, quando coagulou, ficou preso nas pernas, porque era uma quantidade grande. O feto estava lá nos pés dela. Não posso saber como foi parar ali, ou se foi ali mesmo no necrotério que ele caiu, que ele nasceu, naquele horror.

As santas virgens do Paraguai carregam o filho nos braços e a seus pés têm anjos, às vezes também luas em quartos minguantes. Sangue e feto aos pés, só a guerreira Soledad Barrett Viedma.

13

Um livro se constrói sob dificuldades. Mais interiores que do mundo externo, onde parecemos ser pessoas razoáveis, normais. Um dia me foi dito, por uma pessoa que não me autorizou a dizer o seu nome, que eu era chamado, que eu estava convocado, para escrever um outro livro no mesmo caminho do anterior, *Os corações futuristas**. Eu, ateu confesso, me senti abalado pelo que ela me dizia, ela, uma pessoa, mulher que jamais conhecera antes. "Você hoje dorme pouco, mas vai dormir menos ainda", ela me disse, "porque os mortos, os perseguidos da ditadura pedem justiça, eles te acompanham".

Ainda que eu tenha gravado o que ela me disse, em correspondência e documento, não irei contar tudo de suas palavras, para que me poupe de risos, zombarias e outros vexames que me seriam feitos. Direi apenas que, para meus ouvidos incrédulos, ela me falou o absurdo de que almas e mais almas socialistas clamavam justiça. Almas de militantes assassinados exigiam que eu escrevesse o próximo livro, sob pena de que eu não teria sossego enquanto não o fizesse.

De um ponto de vista natural, de um ponto de vista da história, da organização de um mundo submerso, bem entendo o que aquela mulher me disse. Mas ao mesmo tempo não posso deixar de me comover pela beleza poética do que ela me falou, nesta construção: alma socialista. Bem sei que autores não choram. Autor deve ser duro e frio. Por isso digo ao fim:

a Soledad Barrett Viedma eu dedico.

---

* Urariano Mota, *Os corações futuristas* (Recife, Bagaço, 1999). (N. E.)

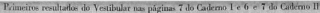

Capa do Jornal do Commercio, 11/1/1973.

DIARIO DE PERNA[MBUCO]

PERNAMBUCO — BRASIL — RECIFE, QUINTA-FEIRA, 11 DE JANEIRO

Segurança acaba com terror

Clandestino é capturado na Estância

Trabalhando como marinheiro numa serraria da Estância, foi localizado ontem o chinês Chu Chin Fa, que desde o mês de março do ano passado se encontrava clandestinamente no Recife, após desertar com mais quatro companheiros do navio Hoa Pei, então atracado no porto da capital pernambucana para reabastecimento. Os outros chineses não foram ainda localizados, estando as autoridades federais no encalço deles.

INFORMAÇÕES

A localização e prisão do estrangeiro foi efetuada pelo agente da Polícia Federal Ubiratan de Barros Lima, após vários dias de investigações mínimas. Chu Chin Fa passava-se por japonês e era registrado na serraria com o nome de Paulo José da Silva. Trabalhava há cerca de três meses, revelando-se um bom empregado. Ao chegar na serraria, pertinente ao Pe. espanhol Demétrio Vieitez Otero, é estrangeiro disse que tinha perdido todos seus documentos e que estava precisando de uma segunda via, sendo admitido para trabalhar como marinheiro.

"Sol"

"Sergio"

...CADOS DA FEDERAL NA 12.a página

DE PERNAMBUCO

147 ANOS DE COMUNICAÇÃO

DOS DIARIOS ASSOCIADOS: ASSIS CHATEAUBRIAND * RECIFE, 5ª FEIRA, 11 DE JANEIRO DE 1973 * ANO 148 — Nº 09

Segurança estoura no Recife aparelho de ação terrorista

Comprove aqui se você fez um bom teste no vestibular

UNIVERSIDADE FEDERAL DE PERNAMBUCO
QUIMICA — AREAS II E III
GABARITO 1
...
GABARITO 2
...

UNIVERSIDADE FEDERAL RURAL DE PERNAMBUCO
BIOLOGIA — AREAS I E II
...

Os órgãos de segurança desbarataram a organização terrorista conhecida como VPR (Vanguarda Popular Revolucionária), autora de vários sequestros de Embaixadores no Brasil, cujos elementos comandavam, do Recife, os demais integrantes do Norte e Nordeste.

Equipes especiais dos órgãos de segurança cercaram, no dia 8 deste mês, o "aparelho" coordenador, localizado numa chácara dentro do loteamento de São Bento, no município de Paulista, que era utilizada como centro de treinamento de guerrilhas. Nesse local foi dada ordem de prisão aos terroristas que se achavam reunidos, os quais, no entanto, reagiram a bala. Após cerrado tiroteio, alguns subversivos morreram e outros saíram gravemente feridos, falecendo pouco depois. Dois subversivos conseguiram fugir. (Última página).

Diario de Pernambuco, 11/1/1973.

SECRETARIA DA SEGURANÇA PÚBLICA
PERNAMBUCO

Cópia   DEPARTAMENTO DE ORDEM SOCIAL
DELEGACIA DE SEGURANÇA SOCIAL

Recife - Pernambuco
Em 09 de janeiro de 1973
Ofício n. 03
Do Dr. Delegado de Segurança Social
Ao Sr. Dr. Diretor do Necrotério Pública
NESTA

1 -   Com o presente, estou remetendo a esse Necrotério, procedentes da Granja São Bento, do Município de Paulista, cinco (5) cadáveres, sendo dois do sexo feminino e três do masculino adiantando a V. Sa. que com o cadaver de côr parda, bigodes aparados, camisa verde, calça marron, com alpercatas de couro e de cabelos castanhos ondulados, foi encontrado certa documentação que o identifica como JOSÉ MANUEL DA SILVA, o mesmo acontecendo com o do sexo feminino de cor branca, cabelos claros compridos, trajando blusa azul e blusa mesma côr, como sendo SOLEDADE BARRET VIEDMA, natural do Caraguai.

2 - Solicito, os bons ofícios de V. Sa. no sentido de serem apanhadas, em triplicata, as impressões digitais dos já referidos cadáveres, e número de cinco.

3 -   Valho-me do ensejo para apresentar a V. meus protestos de estima e consideração.

Arquivo da Secretaria de Defesa Social de Pernambuco.

NOME: SOLEDADG BARRET VIEDMA   VULGO "SOL"
Nº DO DOCUMENTO: 19 848
DATA DO DOCUMENTO: 09.01.73 / 05.04.73
QUANTIDADE DE DOCUMENTOS: 12
FUNDO SSP Nº: 25819 "B"

Sobre o autor

Urariano Mota, 59 anos, é natural de Água Fria, subúrbio da zona norte do Recife. Escritor e jornalista, publicou contos em *Movimento*, *Opinião*, *Escrita*, *Ficção* e outros periódicos de oposição à ditadura.

Atualmente, é colunista do *Vermelho*. Já colaborou com *Direto da Redação* e *Observatório da Imprensa*, e as revistas *Carta Capital*, *Fórum* e *Continente* também já veicularam seus textos.

Seu primeiro livro foi *Os corações futuristas* (Recife, Bagaço, 1997), um romance de formação. Tanto nele como em *Soledad no Recife* a paisagem humana é a ditadura de [Emílio Garrastazu] Médici (1969-1974).

O autor reconhece que falar sobre esse período não é sua especialidade. Apenas ali como aqui, antes como agora, ele escreveu e escreve sobre o mundo da repressão que viu, percebeu e testemunhou.

Também é autor de *O filho renegado de Deus* (Bertrand Brasil, 2013), uma narração cruel e terna de certa Maria, vítima da opressão cultural e de classes no Brasil, do *Dicionário Amoroso do Recife* (Casarão do Verbo, 2014), e de *A mais longa duração da juventude* (Editora LiteraRUA) que narra o amor, política e sexo dos militantes contra a ditadura. Colabora para o *Blog da Boitempo* esporadicamente.

Este livro foi composto em Garamond Premier Pro, corpo 11,
e impresso em papel Pólen Natural 80 g/m² na gráfica Rettec
para a Boitempo, em agosto de 2023.